中公新書 1900

大沼保昭著

「慰安婦」問題とは何だったのか

メディア・NGO・政府の功罪

中央公論新社刊

はじめに

「慰安婦」問題とは

被害者に、まず、総理の手紙をお渡ししたとき、受け取られたハルモニの目から、涙があふれました。これが総理からの手紙か、とじっと見つめておられました。

右の文は、一九九七年一月一一日、ソウルでアジア女性基金の金平輝子《かねひらてるこ》理事が韓国の元「慰安婦」の方々に、日本の償《つぐな》いの一環として橋本龍太郎首相のお詫《わ》びの手紙を手渡したときの様子を記したものである。

「慰安婦」とは、一九三〇年代初期から一九四五年に中国や米国などの連合国と戦った日本軍の将兵の性的欲望を満たすために設けられた「慰安所」で、日々性交を強いられた女性を指すことばだった。具体的な人数は研究者により差があるが、一〇代の少女を含む数万から二〇万という数の若い女性がそうした境遇にあったといわれる。彼女たちは、あるいはだまされ、あるいは強制され、あるいは貧しい家庭の事情などから、こうした境遇に身を置くことになった。一日に一〇人以上の将兵の性交の相手とされ、それが連日続くといった日々を過ごし、戦後はそうした過去を隠し、知られた場合は社会の白い目に耐えて暮らしてこなければならなかった。

その彼女たちが、自分をそういう境遇に置いた日本の現在の最高責任者である内閣総理大臣からそのことを詫び、反省を示す手紙を受け取ったとき、どのように感じたか。右の文はまったく装飾のない、その場の情景を伝えるだけのものだが、逆にそれだけに彼女らの思いが万言を費やすより雄弁に語られている。

「慰安婦」問題は、一九九〇年代の日本を大きく揺るがした社会問題だった。フェミニズムが世界中で大きな力となり、メディアを通じて広範な影響力をもった一九九〇年代は、日本経済の停滞という閉塞《へいそく》感のなかで、日本社会の「歴史認識」が問われ、激しく論議された時代でもあった。そうした時代状況のなかで、「慰安婦」問題は女性に対する暴力の象徴として、フェミニズムと歴史認識をめぐる最大の論争点となったのである。

「慰安婦」問題は、戦争、性、政治、法、道義など、人間の多様な面とかかわり、多様な視点から捉《とら》えることができる。書かれた本も多い。ただ、これまでこの問題について書かれた本は、ひたすら日本の政府や社会を告発・批判するか、「慰安婦は公娼《こうしょう》だった」といった立場からそれに反論するタイプのものが大部分を占めていた。

しかし、「慰安婦」問題には、二一世紀の日本が政治、経済、教育、環境など、さまざまな問題に立ち向かっていくうえできわめて重要な問題が隠されていた。それは、こうした問題を解決するうえで、日本がメディアやNGO（Non-Governmental Organization／非政府組織）など、二〇世紀後半に大きな影響力をもつようになった主体を通して、どのような姿勢で社会問題や政治問題にかかわるべきか、という問題である。

重みを増すメディアとNGO

メディアとNGOは、政府を権力者とみなしてその政策や行動を批判することにその役割を見出してきた。しかし、政府だけでは対処できないさまざまな問題が顕在化し、メディアとNGOが社会的影響力を強めつつあるなかで、そうした姿勢だけでは不十分である。一方では政府批判という伝統的役割をはたしつつ、他方ではみずからが責任を負う積極的公共主体として問題解決に向けて行動すべきではないか。この問いを考え、それに答えることは、二一世紀の日本社会のあり方を構想するうえで必須《ひっす》の課題である。

社会に重大な問題が生じた場合、それを解決するのは基本的には政府の役割である。老後の生活の安定であれ、学校でのいじめの蔓延《まんえん》であれ、格差の増大であれ、社会全体にかかわる問題については、程度の差こそあれ政府が解決するよう、求められる。それは、政府が国家を代表し、公共性にかかわる問題に責任を負うという政治の普遍的なあり方によるものである。わたしたちが文句を言いながらも税金を払い、法律を守り、警察官の交通整理にしたがうのは、政府が社会共通の問題にかかわる公共性の担い手であるという観念を、わたしたちが漠然とではあれ受け入れているからである。

しかし、問題のなかには、景気の動向のように政府の力が及びにくい問題もあれば、個人の道徳のように政府が介入すべきでない問題もある。何もかも「お上」を頼るのは日本人の悪い癖である。政府がなすべきことと、企業、家庭、個人、地域社会がなすべきことを区分けし、政府に余計なことをやらせないという姿勢が求められる。

さらに、二〇世紀から大衆社会的状況が広がり、テレビや新聞などの巨大メディアが影響力を強めてきた。任期中巧みにメディアを利用し、高い支持率を背景に与党と官僚の力を抑え込み、「劇場型政治」で自己の政策課題を実現した小泉純一郎政権のあり方は、メディアの力とその危うさを見せつけた。社会全体にかかわる問題への取り組みに巨大な影響力をもつ現代のメディアは、ある種の公共的機能をはたすのである。

また、二〇世紀後半には、人権と環境の保護が巨大な社会問題、政治問題としてクローズアップされてきた。これらの問題は、国家さらに地球社会全体にかかわる問題でありながら、先例遵守《じゅんしゅ》を規範とする官僚には対処が困難なものである。戦争や植民地支配の被害者への対応の問題を含む「歴史認識」にかかわる問題も、先例を基準とした「解決」策では当事者や世論を満足させることができない。ここでは、柔軟に世論に応《こた》え、また世論をリードするNGOやメディアが重要な役割をはたす。こうして、個々具体的な問題を社会一般の問題として捉え、解決の道を探るNGOとメディアの重要性は今日ますます高まっている。

メディア、NGOの結果責任

「慰安婦」問題は、こうしたメディアとNGOの公共的機能が典型的に発揮されたケースだった。「慰安婦」問題は典型的な人権、しかも女性の尊厳にかかわる問題であり、同時に日本国民の「歴史認識」を問う問題だったからである。

ただ、「慰安婦」問題へのメディアとNGOのかかわり方には重大な問題があった。それは、メディアとNGOの担い手たちに、みずからが政治に関与する主体であり、政治では結果責任が問われるという意識が稀薄《きはく》だったことである。多くのメディアとNGOは、政府の政策を批判するという伝統的な役割をはたすにとどまり、限られた政治資源と選択肢のもとで最大限なしうることを追求するという政治の責任を引き受けることを回避した。

こうしたなかでアジア女性基金は、元「慰安婦」の方々への日本の償いを行うため、一九九五年に村山富市《とみいち》内閣によってつくられたユニークな組織だった。それは、政府によってつくられ、事務局員は政府の予算で雇用されるという意味では政府の色彩が刻印された組織だった。しかし、アジア女性基金は、組織を設立した呼びかけ人も、組織を運営する理事会も、理事会に諮問する運営審議会も、すべてボランティアの市民からなり、法律上、財団法人として活動した。こうした意味ではアジア女性基金は政府から独立したNGOだった。

一九九〇年以降の「慰安婦」問題の社会問題化にも、九五年のアジア女性基金設立以降の「慰安婦」問題の解決をめぐる動きにも、日本政府という伝統的な公共性の担い手がはたした役割はきわめて限られたものだった。「慰安婦」問題は、主にメディア、NGO、そしてやや特殊なNGOとしてのアジア女性基金の言説と活動を中心に推移した。そして、二〇〇七年三月にはそのアジア女性基金も「償い」の役割を終えて解散した。

「歴史認識」の問題

「慰安婦」問題は、政府、メディア、NGOという公共性の担い手のあるべき姿は何かという問いとともに、もうひとつの重要な問題を含んでいた。それは、「歴史認識」をめぐって中国、韓国といった、日本の侵略戦争、植民地支配の「被害国」とのつき合い方はいかにあるべきか、という問題である。

韓国では、「慰安婦」問題は日本への不信と猜疑《さいぎ》という反日ナショナリズムの象徴と化した。そうした対日不信・猜疑が支配するなかで、元「慰安婦」の方々への日本国民の償いの気持ちはほとんど伝わらない構造ができあがってしまった。アジア女性基金や日本政府の努力は、こうした心理的な壁に阻まれてほとんど功を奏しなかった。

ここでもメディアとNGOの力は大きかった。韓国と日本の多くのNGOは、問題の本質は人間の尊厳の回復であってお金ではないという「正論」をひたすら主張した。こうした「正論」をそのまままくりかえし報じた主要メディアの巨大な影響力により、日々の生活のために、病院に行く費用を捻出《ねんしゅつ》するために、「お金が欲しかった」被害者は沈黙を余儀なくされた。

マスメディアによって単純化され、聖化された被害者像が日韓の社会を支配し、こうした像と異なる解決は聖なる「被害者の声」に反するとして排除された。他方、「何度謝ってもまだ足りないと言われる」ことに苛立《いらだ》つ日本の一部のメディアは、元「慰安婦」を「売春婦」呼ばわりする感情的な議論を爆発させた。そうした感情的な議論は韓国に大々的に伝えられ、韓国国民の感情をさらに硬化させた。

こうして、韓国の反日ナショナリズムと日本の嫌韓感情の悪循環が日韓関係を覆《おお》った。日本で韓流ブームはあったものの、それへの韓国の人々の視線は一般に醒《さ》めたものだった。日本の韓流ブームの担い手たちも、歴史認識をめぐる日韓の溝にはおおむね無頓着《むとんちゃく》だった。

中国では、中国政府が日中戦争に関する中国国民個々人の対日賠償請求権は残っているとする一方、実際は元「慰安婦」の主張や請求によって一九七二年の日中正常化の取り決めが不安定化することを嫌った。日本政府も七二年の「解決」の問題化を望まなかった。中国の元「慰安婦」問題を大きく取り上げるメディアもNGOもなかった。こうして、中国の「慰安婦」問題はほとんど表面化しなかった。

左右の対立を超えて

わたしは、一九九五年に村山内閣の下でアジア女性基金の設立にかかわり、それ以来元「慰安婦」の償い事業に与《あずか》ってきた。本書でわたしは、「慰安婦」問題をテーマとして、公共性の担い手としてのメディアとNGOの意義と問題性、そして歴史認識をめぐる韓国や中国とのつき合い方について、読者とともに考えたい。「慰安婦」問題と歴史認識をめぐるメディア、NGO、関係国政府、アジア女性基金の絡み合いを、こうした視角からできるだけ醒めた目をもって再現したい。

わたしは、「慰安婦」問題でもほかの問題でも、意見を異にする方々との意識的な交流と対話を実践してきたつもりである。編者の一員となった『「慰安婦」問題とアジア女性基金』（東信堂、一九九八年）には、秦郁彦、福田和也といった「右」の論客にも、五十嵐二葉、ハム・ジョンホといった国家補償派の方々にも執筆していただいた。二〇〇四年に東京大学で「慰安婦」問題にかかわるゼミを一年間行ったときも、上野千鶴子、吉見義明、和田春樹、秦郁彦、長谷川三千子など、左右を問わずわたしが学者として信頼する方々を招いて学生に主張を伝えてもらった。

むろん、いかに自己を対象化しようと努めても、本書の叙述にわたしの価値観と立場が反映されることは否定できないだろう。日本政府への批判が不十分という意見もあれば、政府の努力を十分評価していないという批判もあるだろう。元「慰安婦」の方々を売女呼《ばいた》ばわりした論者への批判が不十分だという見方もあるに違いない。

ただ、左右いずれであれ、実証的な研究を顧《かえり》みず、みずからの思い込みにもとづいて煽動《せんどう》的な議論を重ねる人々とは、対話と議論が成り立たない。その意味で、「慰安婦」問題について実証的基礎もないまま元「慰安婦」を売女呼ばわりする「論客」は、まともな議論の対象にならない。本書で「慰安婦＝公娼」論への言及と反論がすくないのは、それをよしとしているからではなく、およそ学問的論議の対象にならないと考えているためである。

政府、メディア、NGOの公共的役割

本書でわたしがめざしているのは、「慰安婦」問題をめぐる日本と韓国双方の政府、NGO、主に日韓の新聞やテレビなどのメディア、さらにアジア女性基金がやってきたことややらなかった、あるいはやれなかったことを示し、そうした作為・不作為のなかで問題の解決に役立ったこととマイナスに働いたことをありのままに提示し、それへのわたしの評価をあきらかにすることとである。それによって、将来日本に再び「慰安婦」問題のような重大な政治・社会・外交問題が生じた場合、日本の一員として取るべき態度について考える手がかりを読者に提供したいと思う。

わたしは一九七〇年代初期から、大学で研究・教育に携わると同時に、NGO活動にもかかわってきた。メディアと組んで在日韓国・朝鮮人問題やサハリン残留朝鮮人問題の解決に努力し、約四〇年にわたってメディアとNGOの意義と影響力の増大を目撃してきた。メディアとNGOの力、その質の向上が二一世紀の日本のあり方の鍵を握る。そうわたしは考えている。

しかし、政府に多くの問題があるように、メディアとNGOにもさまざまな問題がある。政府であれメディア、NGOであれ、不完全な人間からなる組織である以上、それは当然である。

ただ、政府と異なり、メディアとNGOは批判することは得意でも、批判されることには慣れていない。一九九〇年代以降、日本でメディアは被害者報道の暴力性などについて市民の厳しい批判にさらされるようになったが、NGOはまだまだである。NGO、NPOはよいもの、といった漠然としたNGO善玉論が支配的で、NGO自身、そうしたムードに流されている。しかし、他人の運命にかかわる公共的役割を担う以上、NGOも批判され、その批判を糧として自己を向上させていかなければならない。

同じ公共的な役割を演じるにしても、中央政府、地方政府、議会、裁判所といった公権力機構、大手メディア、中小メディア、活字メディア、映像メディア、ウェブサイトといったさまざまなメディア、学者、法律家、一般市民などからなる各種のNGOには、それぞれ長所と欠点がある。政府の長所が実効性と安定性にあるなら、NGOの長所は正義感と柔軟性にあるだろう。他方、政府の最大の欠点は先例墨守性と弱者への共感の欠如であり、NGOの最大の欠点は独善性だろう。メディアはNGOと似た長所のほか大衆への浸透性という長所をもち、煽動性、飽きっぽさという欠点をもつ。

二一世紀の政府、メディア、NGOは、自己の長所を磨き上げつつ、欠点を改め、相互補完的に公共的役割をはたすことによってそれぞれの問題解決能力を高めていかなければならない。「歴史認識」とフェミニズムにかかわる典型的な問題だった「慰安婦」問題への政府、メディア、ＮＧＯの取り組みは、こうした社会・政治・外交問題解決に対する三者の力と欠陥を露《あら》わに示すものだった。各々がそれぞれの失敗を糧として、二一世紀にはよりよい公共的役割を演じることができるよう、自己変革を遂げていかなければならない。「慰安婦」問題を描き出すことによって、こうしたわたしたち自身の課題をあきらかにすること、それが本書のねらいである。

目次

「慰安婦」問題とは何だったのか

図版出典一覧

共同通信社
REUTER＝共同通信社
UPI＝共同通信社
時事通信社

五十嵐広三『官邸の螺旋階段』ぎょうせい，1997年
「女性のためのアジア平和国民基金　パンフレット」1997年
『「慰安婦」問題とアジア女性基金』アジア女性基金，2007年
『「従軍慰安婦」にされた方々への償いのために②』アジア女性基金，1996年

第❶章
「慰安婦」問題の衝撃

I　メディア、NGO、日本政府

元「慰安婦」の出現

一九九一年八月一四日、金学順《キム・ハクスン》という韓国の女性が、自分は「慰安婦」だったと名乗り出た。彼女は一二月にはほかの元「慰安婦」とともに日本の責任を追及して東京地裁に訴えた。「慰安婦」問題はすでに韓国では大きく報じられ、日本の国会でも質疑が行われていたが、一般の関心はそれほど高くなかった。しかし、一人の生身の女性が元「慰安婦」という過去を告白して日本を訴えたことの衝撃は大きく、問題は大きく社会化する様相をみせていた。

一九九二年一月一一日には『朝日新聞』が一面トップで、「慰安所」の設置、「慰安婦」の募集、監督などに日本軍が関与していたことが史料的に示されたというニュースを報じた。ほかの新聞、テレビも競って大々的に報じた。それ以来、「慰安婦」問題は一九九〇年代の日本社会を揺るがす巨大な問題となった。

『朝日新聞』のスクープ記事の五日後に訪韓した宮沢喜一首相は、対日非難に荒れ狂う韓国社会に身を置いて、くりかえし謝罪を表明した。同年七月には加藤紘一《こういち》官房長官が問題に関する第一次政府調査結果を、翌九三年八月には河野洋平官房長官が第二次調査結果を発表した。河野官房長官談話は、「慰安婦」問題について「総じて本人たちの意思に反し」、「女性の名誉と尊厳を著しく傷つけた問題」として、「お詫びと反省の気持ち」を表明した。

慰安所　軍関与示す資料
防衛庁図書館に旧日本軍の通達・日誌
部隊に設置指示
募集含め統制・監督
「民間任せ」政府見解揺らぐ
参謀長名で、次官印も

「慰安婦」の軍関与を報じた『朝日新聞』（1992年１月11日付）

宮沢内閣は、この二つの官房長官談話を出したものの、政府の調査結果の発表の際に謳《うた》ったお詫びと反省の気持ちを具体化することなく退陣した。その後の細川護熙《もりひろ》・羽《は》田孜《たつとむ》内閣も同じだった。日本政府が責任を回避しているという非難は日ごとに高まっていた。

村山政権の登場

一九九四年六月、社会党の村山富市委員長を首班とする自民・社会・さきがけ連立政権が成立した。村山内閣は、首相を出した社会党が与党内の第二勢力という変則的な内閣であった。発足当初から力の限界を意識していた同内閣は、戦後五〇年という節目の年に政権を担当することに歴史的な意義を認め、未決の「戦後処理問題」の解決をみずからの政治課題とした。

「戦後処理」に関しては、戦争や植民地支配で深刻な被害を受けながら放置されてきた多くの問題があった。朝鮮半島からサハリンに炭鉱労働者として渡りながら、戦後引き揚げを拒まれ、故郷に帰ることができなかったサハリン残留朝鮮人の韓国への永住帰国問題。広島、長崎で被爆しながら戦後韓国に帰国したため被爆者治療の対象とされなかった在韓被爆者の問題。日本企業ではたらかされ、虐待され、給与の未払いという問題があったにもかかわらず、放置されてきた強制連行労働者の問題。日本帝国臣民たる軍人・軍属として働いたのに、戦後軍人年金や遺族年金を支払われなかった旧植民地出身の軍人・軍属の年金問題などである。

村山首相は、連立政権の要《かなめ》となる内閣官房長官に社会党の五十嵐広三《こうぞう》議員を起用した。五十嵐氏は、一九八七年以来、サハリン残留韓国・朝鮮人問題議員懇談会事務局長としてサハリン残留朝鮮人問題解決のために、会長の原文兵衛《はらぶんべえ》参議院議員とともにもっとも重要な役割を担い、在韓被爆者問題や「慰安婦」問題にも取り組んでいた。以後、五十嵐長官は戦後処理問題の解決をめざす村山内閣の中心として「慰安婦」問題にも取り組むことになった。

村山内閣は、発足後間もない一九九四年八月三一日に、「我が国の侵略行為や植民地支配などが多くの人々に耐え難い苦しみと悲しみをもたらしたこと」への深い反省の気持ちを表し、元従軍「慰安婦」、サハリン残留朝鮮人の永住帰国、台湾の確定債務などの問題の解決に取り組む決意を示す総理談話を発表した。九月には与党三党（自民、社会、さきがけ）は戦後五〇年問題プロジェクトチーム（座長・上原康助）を発足させ、未決の諸問題の解決に向けて動き出した。村山内閣は、一九五八年以来四〇年近く懸案となっていたサハリン残留朝鮮人の韓国への永住帰国の予算を計上し、台湾の確定債務問題もほぼ解決した。

こうして戦後責任にかかわる問題の解決をめざすなかで、政府と与党内には政府と国民がともに参加する補償基金の考えがあり、その具体的なかたちが論議されていた。一九九四年八月の村山総理談話は「幅広い国民参加の道を探る」というかたちでこうした考えを示唆した。被害者への補償のための基金については、社会党の清水澄子議員などの政治家や知識人、NGOのあいだにも、いくつかのアイディアがあった。

日本国民の戦後責任

わたしは、これらの未決の戦後処理問題を日本国民がはたすべき戦後責任の問題と考え、一九七〇年代からその解決にかかわってきていた。そうした経験からわたしは、第二次大戦と台湾・朝鮮植民地支配の被害者への償いのあり方についてひとつの考えを抱くにいたっていた。それは、日本の侵略戦争と植民地支配への反省と償いは、政府だけに委《ゆだ》ねるべきでなく、日本国民全体がかかわる仕組みをつくらなければならない、というものである。この考えは次の事実と考察にもとづくものだった。

一九八〇年代の日本の経済大国化と「国際化」にともなって、戦争と植民地支配への戦後日本の姿勢は内外の批判の的となるようになった。歴代首相は、首相の靖国参拝、教科書における戦争や植民地支配の扱いなど、さまざまな問題で反省や謝罪を表明することを余儀なくされていた。にもかかわらず、歴代の内閣で戦争や植民地支配を正当化する閣僚の発言が多発し、責任追及、辞任というケースが続いていた。

結局、日本国民がそうした「妄言《もうげん》」を吐く政治家を選挙で選んでいるのである。国民はおのれの身の丈以上の政府をもつことはできない。過去の戦争と植民地支配で日本がどれだけ取り返しのつかない行為を犯してしまったのかを国民自身が知り、問題に直面しなければ、問題は解決しない。政府だけに委ねていたのでは、一方では首相の遺憾の表明や個別問題についての補償、他方では閣僚による妄言といういたちごっこは終わらない。国民自身が戦後責任を自覚的にはたす仕組みをつくらなければならない。

法的には、日本は一九五一年のサンフランシスコ平和条約や諸国との二国間条約によって戦争と植民地支配にかかわる賠償・補償・請求権の問題を「解決」してきた。日本と第二次大戦を戦った連合国との講和を定めたこのサンフランシスコ条約の第一四条で、連合国は戦争遂行中に日本と日本国民の行為にもとづいて生じた損害・苦痛に対する連合国と連合国国民の請求権を原則的に放棄した。中国などは東西冷戦のためサンフランシスコ条約には加わらず、別個に日本と同旨の取り決めを行った。韓国も一九六五年の日韓請求権協定第二条で同じような取り決めを結んだ。

このように、こうした取り決めのない北朝鮮を除けば、日本の戦争と植民地支配にかかわる賠償・補償問題は法的には一応「解決」していた。他方、国民の多くは日本が戦争と植民地支配でどのような非道・蛮行を犯したかを知らない。こうした問題の「解決」がどれほど多くの被害者を放置し、中国や韓国などの国民の怒りの種となっているかも知らない。日本の政府と国民がともに歴史に対峙《たいじ》しなければ、日本はいつまでも被害を受けた国から批判され続ける。このため、日本は国際社会で胸を張って生きていくことができないと考える若い世代の人もすくなくない。逆に、諸外国からの批判に感情的に反発する若者も多い。

戦後の日本国民は、平和で、豊かで、安全で、貧しい国に多額の援助を与えるという、世界に誇りうる国家を創り上げてきた。わたしたちは傲慢《ごうまん》であってはならないが、国際社会で十分胸を張って生きていけるはずだ。日本国民が正当な誇りをもって生きていくためにこそ、国民全体の戦後責任への取り組みが必要なのだ。戦後補償・戦後責任論にまま見られる「政府＝悪、人民・市民＝善」という図式的な思考を克服し、国民自身が日本の過去に直面しなければならない。

『諸君！』で示した償い案

わたしは、こうした考えを「戦後補償と国家の品格」という論考にまとめ、『諸君！』一九九四年一一月号であきらかにした。いつもは『朝日新聞』や『中央公論』などを発表の場とすることが多かったわたしが、なぜ「右翼」雑誌の『諸君！』を選んだのか。多くの人に、時には非難めいた口調で、こう尋ねられた。

その答えは、戦争の被害者への償いや補償に反発し、民族の誇りを強調する『諸君！』でこそ、こうした主張を展開し、左右の対立軸となりがちなこの問題で国民的なコンセンサスを確立することが必要だ、と考えたところにある。戦後処理問題の解決に激しく抵抗している自民党右派の抵抗をやわらげることは、問題の解決に必須である。そのためには、『諸君！』という右派のメディアでみずからの主張を示してそうした人々にも納得してもらわなければならない。そうわたしは考えたのである。

その論考ではわたしは、日本が戦い、植民地支配した諸外国の被害者に提供される、償いの全国民的な仕組みをつくるべきだと主張した。その仕組みとは具体的には、政府はもちろん、財界、労働界、マスメディアなどすべてを含んだ、政府と国民総体の事業として戦後補償のため数十億円規模の基金を設立することである。同時に、戦後補償という「カネ」の問題だけで済ますのでなく、歴史教育の充実、戦争責任を認める国会決議の採択など、未決の戦後責任をはたす大きな動きの一環としてそうした公的基金を創設すべきである。

自社さ連立内閣の中核メンバーだった4人．左から五十嵐広三，河野洋平，村山富市，武村正義

この論考は、右派の代表的論客の福田和也氏が『図書新聞』（一九九四年一一月五日）の論壇時評で高く評価するなど、戦後補償論に批判的な人々にも一定程度受け入れられた。また、社会党、さきがけのみならず、自民党や外務省、大蔵省の幹部にもこうした考えを強く支持する人がいた。一九九四年から九五年にかけて内閣の中核メンバーだった村山首相、河野洋平副首相兼外相、武村正義蔵相、五十嵐官房長官のあいだでは、右の案と共通の理念・骨格をもつ、政府と国民が半額ずつ拠金する基金案がくりかえし論議されていた。

前述したように、こうした基金案は当時政府内にも、社会党や一部知識人のあいだにもさまざまなかたちで存在し、提案されていた。しかし、政府が正式に半額を拠金する大規模な戦後補償基金構想が実を結ぶことはなかった。村山内閣は、自民党右派の強い反発と、「賠償・補償問題は解決済み」という現状維持的発想にもとづく官僚たちの抵抗を克服する強い政治力をもっていなかったのである。

II 村山内閣とアジア女性基金の設立

「慰安婦」問題の優先性

一九九四年一〇月三日、五十嵐官房長官、谷野《たにの》作太郎《さくたろう》外政審議室長、ジャーナリストの有馬真喜子氏（のちにアジア女性基金の初代副理事長）とわたしが集まって、村山内閣による戦後補償問題について話し合った。わたしは、『諸君！』一一月号の原稿をまとめたばかりで、持論である政府と国民による包括的基金案を主張した。ただわたしは、村山内閣を取り巻く厳しい政治状況の下で、その実現が困難だろうことも痛いほどわかっていた。

最後にわたしは、「包括的な基金が一番いいのだが、いまの内閣の力量では正直無理でしょう。まずは慰安婦問題を先行させることで、最低これだけでも解決の道筋をつけるほかないでしょう」と述べた。女性問題の専門家の有馬氏は即賛成したが、谷野氏は無言だった。五十嵐長官は、「それしかないだろうなあ」とつぶやくような声で言った。

この会合は、内閣官房長官、外政審議室長と市民の側の助言者的な役割をもつ二人の私的会合にすぎず、政策決定に大きな役割をはたしたわけではない。戦後責任にかかわる問題は前述した戦後五〇年問題プロジェクトチームのなかで論議され、最終的には内閣首脳レベルの折衝の末決定される高度の政治問題であった。とくに「慰安婦」問題は、同プロジェクトの従軍慰安婦問題等小委員会でもっとも激しく論議された問題であった。

具体的には、小委員会は一九九四年一二月四日、日本が国家として道義的責任をはたすべきであり、政府の資金拠出を含む協力の下に国民参加の基金を設置し、元「慰安婦」を対象とした国民的な償いをあらわす措置をとるべきだという第一次報告を採択した。アジア女性基金は約半年後、この報告の内容に沿ったかたちでつくられた。ただ、右の一〇月三日の会合は、わたしにとって非常につらいものであり、そのつらい思いのゆえに忘れることのできない会合だった。

人は何かを得るために他の何かを犠牲にしなければならない。とくに政治の場では、ある課題を解決するために他の多くの課題を切り捨てなければならない。政治とは限られた資源の最適配分を定める技《わざ》である。「あれもこれも」と欲張り、優先順位のあいまいな政治は必ず失敗する。そうした厳しい政治の現場において、五十嵐官房長官のつぶやきは彼自身の認識であると同時に、村山内閣の認識でもあった。

わたしを含めて戦後責任の運動を担ってきた者にとっては、朝鮮人・中国人の強制連行や強制労働の問題も、旧植民地出身の軍人・軍属の年金支給問題も、旧植民地出身者のBC級戦犯問題も、すべて大事な問題だった。村山内閣がとりあげなければ、これらの問題が解決される見通しは暗かった。長年こうした問題解決のために努力してきた田中宏龍谷大学教授、内海《うつみ》愛子《あいこ》恵泉女学園大学教授など、親しい「戦友」たちは、村山内閣という千載一遇の機会を捉えてそれを実現しようと必死に働いていた。それがわかっていながら、わたしは官房長官に、「慰安婦問題を先行して」と言わざるを得なかった。限られた価値と資源に優先順位を付して政策を選択するという政治の非情を、このときほど痛切に感じたことはない。

実際、「せめて慰安婦問題だけでも」という願いさえ、しかも問題解決にきわめて積極的な村山富市という首相と五十嵐広三という官房長官をもつ内閣の下でさえ、実現は困難をきわめた。戦後五〇年問題プロジェクトチームでの議論は、基本的な歴史認識とあるべき方策をめぐって激しいやりとりが延々と続き、とりまとめは至難の業《わざ》だった。社会党の清水澄子参議院議員をはじめとする問題解決の積極派は、自民党という与党第一党と、関係国との条約で解決済みという官僚の壁に阻まれて、絶望的な戦いを余儀なくされていた。

アジア女性基金の構想

政府内の消極姿勢をなんとか説き伏せて、五十嵐官房長官は一九九五年六月、「慰安婦」問題解決にかかわる最後の調整に入った。

第一の柱は、元「慰安婦」への償い金は国民からの拠金によるが、そうした募金活動や被害者への償い金の手渡しなどにかかる費用（基金事務局の人件費・運営費・広報費など）はすべて政府予算からまかない、国民からの拠金はすべて被害者に渡る仕組みをつくることだった。

第二の柱は、被害者個々人に日本政府が正式のお詫びを示すことだった。村山首相、五十嵐長官などのあいだでは、このお詫びの具体的なかたちは、首相が元「慰安婦」の方々個々人に差し上げるお詫びの手紙というきわめて重いかたちのものとされていた。

第三の柱は、「慰安婦」といった女性の尊厳を蹂躙《じゅうりん》する制度を将来二度とくりかえさないよう、問題を歴史の教訓とする政策を実施することである。この三つが、五十嵐長官が示した案だった。

「慰安婦」問題については被害者の本国との条約で解決済みであり、政府は国家補償というかたちで政府予算から補償を払うことはできないという考えは、政府、とくに外務省、大蔵省と自民党で確固たるものだった。政府と国民が半額ずつ出し合う補償基金案への支持は政府内、自民党内にもあったものの、大勢はそうした案に否定的だった。五十嵐長官の案は、こうした政府内の強固な方針をなんとか突き崩そうとする苦心の策だった。

基金事務局の人件費・運営費・広報費などは日本政府予算からまかなうという第一の柱は、多くの人が意識しないことだが、実は重要な点だった。日本赤十字社などの団体は各種の事件や事故の被害者の救済募金活動を行うが、わたしたちの寄付はその全額が被害者や被災者に届くわけではない。寄付の多くの部分は募金母体の人件費や運営費に使われ、実際に被害者に届くのは、寄付のごく一部にとどまる。こうした点を考えるなら、政府が運営費はすべて政府の負担とし、国民からの拠金はすべて元「慰安婦」の方々に届けられるという方針を打ち出したことは、高く評価すべきことだった。

また、「慰安婦」問題にかかわる日本国の正式のお詫びを一般的なかたちで示すだけでなく、総理が署名した手紙のかたちで被害者個々人に届けるということは、これまでの日本政府の立場からすれば実に思い切った、被害者への大きな配慮を示した方針であった。一般的・抽象的な謝罪はそれまでも歴代内閣が示していたとはいえ、個々の被害者に総理の署名入りのお詫びの手紙を届けることは、きわめて重いお詫びのかたちである。自民党や政府内の強い抵抗を考えるなら、このことは十分に評価されてしかるべきものだった。

とはいえ、「慰安婦」問題をめぐってメディアは厳しい政府批判を展開しており、右の案が素直に評価されるとは思えなかった。わたしにとっても、被害者への政府自身の補償を欠く案は受け入れがたいものだった。五十嵐官房長官から意見を求められた際、わたしは、「五十嵐さん、ご努力は多としますが、これではダメです。政府からの補償がなんらかのかたちで示されなければ、わたしも市民運動の仲間たちもとても協力できません」と答えざるを得なかった。

社会党内などでもそういう意見が強かったのだろう、五十嵐長官はここで最後の粘りを発揮した。すなわち、右の三つの柱に加えて、政府予算から被害者に対して医療福祉支援を実施する施策を第四の柱とする最終案を創り上げたのである。五十嵐長官から電話でこの案を聞いたわたしも、これが当時の政府・与党内の政治的力関係からみて、望みうる文字通りぎりぎりの線だと理解できた。

五十嵐最終案の意義

政府予算を使って行われる医療福祉支援は、実態は国家補償である。また、日本政府が道義的責任を認め、それを被害者個々人への総理のお詫びというかたちで明確に示し、被害者への医療福祉支援費を政府予算から支出し、国民に償いの拠金を呼びかけ、それを設立・運営する基金は政府が予算上・制度上の責任を負うという仕組みは、わたしが主張してきた「政府と国民がともに戦後責任をはたす」という考えの最低限の制度的実現である。

首相のお詫びの手紙を真摯《しんし》な内容をもつかたちに仕上げ、償い金と医療福祉支援を実質的なものとし、歴史の教訓とする事業を充実させれば、それは被害者からも日本国としての真摯な償いと認められるのではないか。それができるかどうかは、メディアの力も借りた市民の側の力量如何《いかん》にかかっている。それは試みるに値する挑戦ではないか。

戦争と植民地支配にかかわる賠償・補償問題は条約で解決済みという論理を覆すことが困難なことは、国際法学者として十分わかっていた。わたし自身、それまでに元「慰安婦」について個人請求権を認める解釈をとる余地があると指摘してはいたものの、それが法解釈として強いものと言い切る自信はなかった。まして、外国人の権利にかかわる問題に理解の薄い日本の裁判所がそうした解釈を受け入れるとは思えなかった。

あとで詳しく述べるように、多くの学者、NGO、メディアが主張する日本の法的責任論、個人の国家補償請求権論には多くの理論的・実際的難点があった。わたしには、そうした主張が通るとはとうてい考えられなかった。

将来、村山内閣以上にこの問題に好意的に取り組む内閣ができるとは思えない。せっかく村山内閣の下でぎりぎり取り付けたこの案を拒否すれば、元「慰安婦」への償いを実現する機会は二度とめぐってこないだろう。国家補償（＝政府補償）でなければダメだと主張している強硬な支援団体や学者、ジャーナリストなどはともかく、本来イデオロギーとは無縁な被害者のなかには、こうした償いを受け入れる人も徐々にあらわれるのではないか。

これがそのときのわたしの判断であった。以後、わたしはアジア女性基金の設立と運営に大きくかかわることになった。

アジア女性基金の具体化

村山内閣は、与党第一党の自民党、さらに、さきがけとの合意がなければなにひとつ決められない、弱い政権だった。それでも一九九四年中は、河野（自民党総裁）副首相兼外相、武村（さきがけ代表）蔵相、五十嵐官房長官というリベラルな政治家と、野中広務自治相、亀井静香運輸相などの自民党の有力政治家の協力により、なんとかもちこたえてきた。だが、一九九五年一月の阪神・淡路大震災、三月の地下鉄サリン事件で村山内閣の対応は厳しい批判にさらされた。五月の地方選では社会党が惨敗し、政権はあきらかに弱体化していた。

こうしたなかで、戦後責任問題の解決に積極的な村山内閣が政権の座にあるあいだに「慰安婦」問題を解決する仕組みを立ち上げなければならない。全国民的規模の基金をつくるには、国民が「この人なら」と納得できる人を呼びかけ人とし、基金を運営する事務局を組織しなければならない。基金発足後、最低数億から一〇億円程度の拠金を確保できる見通しをつけておかなければならない。基金と政府の関係、具体的には政府のどの部局が基金とともにはたらき、政府とのパイプ役となるのかも、決めておかなければならない。一九九五年前半、五十嵐官房長官、古川貞二《ていじ》郎《ろう》官房副長官、谷野外政審議室長などは、消極的な官僚たちを叱咤《しった》激励してこうした点をひとつひとつ詰めていった。

一九九五年六月一四日、村山内閣は、五十嵐官房長官談話というかたちで「慰安婦」問題について具体的な政府事業計画を発表した。この談話では、基金の名前は「女性のためのアジア平和友好基金」とされていたが、わたしは五十嵐官房長官やほかの呼びかけ人に、この基金は国民全体による償いという理念にもとづくものゆえ、名称に「国民」を入れなければならないと説き、最終的に正式名称は「女性のためのアジア平和国民基金」（略称「アジア女性基金」）とされた。あまりセンスのよい名前ではなかったが、時間も切迫しており、やむを得なかった。計画の具体的な内容は、

（1）元「慰安婦」への国民的な償いのための基金の設置

（2）彼女たちの医療福祉支援への政府からの資金拠出

（３）政府による反省とお詫びの表明
（４）本問題を歴史の教訓とするための歴史資料の整備

という四つの柱からなるものだった。

政府と市民の協働の基金

わたしはこの官房長官談話に呼応して、六月二八日に論考を『読売新聞』に寄稿した。この小論でわたしは、償いは政府がやるべきで、国民からの募金は問題のすりかえだという批判があるが、戦争と植民地支配は政府だけの仕業ではなく、マスメディアや知識人を含めて国民もかかわったのであり、その責任は一内閣に委ねるべきものでなく、国民一人ひとりが過ちへの自覚をもって償うべきものだ、と主張し、さらに次のように説いた。

国家補償論が裁判で勝てる見込みはすくないし、時間もかかりすぎる。村山内閣以降の政権が真剣に解決に取り組む可能性は低い。政府補償を求める元「慰安婦」の声は重いが、被害者は多様であり、一日も早くお金が欲しい人もいる。補償要求運動では強い要求が表に出がちだが、弱い声と、人間の考えは変わりうるという事実への配慮も必要である。

政府案を批判するのはたやすいが、この案を拒否したら、償いをどの内閣でどういうかたちでやれるのか。その代案がない限り、この案を拒否することは償い自体を拒否するに等しい。官房長官談話に掲げられた四つの柱を支え、それをましなものにするため力を尽くし、元「慰安婦」の方々が心を開いてくれるよう、一人でも多くの日本国民が彼女らに働きかけるべきだ。

日本とは、政府だけのものではなく、国民一人ひとりがその過去を背負い、現在を生き、未来を創っていくものではないか。

以上がこの論考の要点だった。

政府関係者は、何としても戦後五〇年の八月一五日までにアジア女性基金を発足させたいと考えていた。他方、和田春樹氏やわたしなど、市民運動の側に立つ者は、NGOやメディアへの働きかけが不十分なまま基金を発足させることに懸念を抱いていた。

とはいえ、国家補償論と責任者処罰論を唱えるNGOが短期間に強硬な態度を変える見込みはなかった。わたし自身、アジア女性基金の呼びかけ人になるとき、戦後責任運動をともに担ってきた田中宏、内海愛子、高木健一といった盟友に基金への協力を求めたが、高木弁護士は基金に協力してくれたものの、田中、内海の両氏は基金に理解を示すにとどまり、ともに基金を担うというところまでは踏み込まなかった。複数の支援運動の指導者や弁護士にも働きかけたが、無駄だった。こうした厳しい状況のなかで、わたしも、まずはアジア女性基金を発足させ、呼びかけ人として名を連ねる有力な方々の力によって強硬なＮＧＯを説得していくほかないと判断するにいたった。

アジア女性基金の呼びかけ人としてどういう方にお願いすべきかという問題については、市民の側でも、わたし自身は五十嵐官房長官や谷野外政審議室長と議論を重ね、和田春樹氏

アジア女性基金呼びかけ人

肩書きは1995年当時

赤松　良子	元文部大臣
芦田甚之助	日本労働組合総連合会会長
衛藤　瀋吉	東京大学名誉教授
大来　寿子	大来佐武郎元外相夫人
大鷹　淑子（山口）	元参議院議員
大沼　保昭	東京大学教授
岡本　行夫	国際コンサルタント・外務省OB
加藤　タキ	コーディネーター
下村　満子	ジャーナリスト
鈴木　健二	熊本県立劇場館長・元NHKアナウンサー
須之部量三	元駐韓国大使・外務事務次官
高橋　祥起	政治評論家
鶴見　俊輔	思想家・評論家
野田　愛子	弁護士
野中　邦子	弁護士
萩原　延壽	歴史家
三木　睦子	三木武夫元首相夫人
山本　正	日本国際交流センター理事長
和田　春樹	東京大学教授

なども政府側と議論をたたかわせた。政府との協働など生理的に受け付けないという鶴見俊《つるみしゅん》輔《すけ》氏のような方まで呼びかけ人になったのは、そういう市民の側からの働きかけの結果であった。

ただ、アジア女性基金を実際に運営する理事と事務局については、政府、具体的には外政審議室と外務省、社会党、自治労などが人を出し、呼びかけ人は相談に与らなかった。理事長については、五十嵐官房長官もまわりの関係者も当初は女性の指導的立場にある人を求め、元首相夫人で傑出した女性指導者である三木睦子《むつこ》氏や、赤松良子《りょうこ》元文相などに働きかけたがうまくいかなかった。最終的には五十嵐官房長官とわたしが、サハリン残留朝鮮人の韓国永住帰還運動にともに従事してきた原文兵衛参議院議長に理事長就任をお願いし、原氏が参議院議長任期終了後に初代理事長となるかたちでアジア女性基金は出発することになった（（財）平和のためのアジア女性国民基金編『オーラルヒストリー　アジア女性基金』二〇〇七年、一三三～一三四ページ）。

第2章 アジア女性基金とメディア、NGOの反応

I　アジア女性基金の発足

出帆

アジア女性基金は、一九九五年七月一二日に呼びかけ人会議を開き、呼びかけ文を確定し、七月一九日に発足した。基金の最大の任務は、日本国民の償いの気持ちとして被害者に届ける全国民規模の拠金を募ることであった。国民に拠金を呼びかける「呼びかけ文」は九五年七月の呼びかけ人会議で作成し、八月一五日には主要新聞で公にした。

この「呼びかけ」は、一〇代の少女まで含む女性を強制的に「慰安婦」として軍に従わせたことは、女性の根源的な尊厳を踏みにじる残酷な行為であり、彼女たちの痛みを受け止め、その苦しみが緩和されるよう、最大限の力を尽くすことが彼女らに耐え難い犠牲を強いた日本が今日はたすべき義務だと訴えた。そして、政府が一九九三年八月四日の官房長官談話と九四年八月三一日の総理大臣談話で犠牲者への深い反省とお詫びの気持ちを表し、一八～一九ページで述べた四つの柱からなる具体的計画を九五年六月一四日に発表したことを評価し、アジア女性基金を、犠牲者への償いを示すため国民から拠金を受けて彼女たちに届けるとともに、女性への暴力の廃絶など今日的な問題への支援も行うものと性格付けた。

さらに、呼びかけ人のあいだにも意見の違いがあるものの、すでに年老いた被害者への償いに残された時間はなく、一刻も早く行動を起こさなければならないという一点で完全に一致しており、政府による謝罪とともに、全国民規模の拠金による被害者への償いが必要だという考えをあきらかにした。そして、なによりも大切なのは、一人でも多くの日本国民が犠牲者の方々の苦悩を受け止め、心からの償いの気持ちを示すことではないか、と問うた。

彼女たちの屈辱と苦痛は償いきれるものではないが、日本国民の一人ひとりがそれを理解しようと努め、具体的な償いの行動をとり、そうした心が彼女たちに届けば、癒《いや》し難い苦痛をやわらげるのにすこしは役立つのではないか。「従軍慰安婦」をつくりだしたのは過去の日本だが、日本という国は政府だけのものではない。国家とは、国民の一人ひとりが過去を引き継ぎ、現在を生き、未来を創っていくものである。戦後五〇年という時期に全国民的な償いをはたすことは、現在を生きるわたしたち自身の、犠牲者の方々への、国際社会への、そして将来の世代への責任ではないか。

こうして「呼びかけ文」は、日本国民がアジア女性基金への拠金を通して償いの気持ちを示すよう、償いへの参加と協力を訴えたのである。

メディアの反応

アジア女性基金発足時のメディアの論調はさまざまだったが、一般市民の目を引く新聞の社会面や市民への影響力のあるテレビでは、基金は日本政府が自己の責任回避の手段としてつくった隠れ蓑《みの》という批判的な論調が圧倒的だった。他方、少数だが声高の「右」のメディアと批判者は、元「慰安婦」はカネで身体を売っていた「売春婦」「公娼」であり、償いの必要などなく、基金は韓国や左翼の主張にもとづいてつくられた不要・不当な組織であると非難した。「慰安婦」問題は、すでに被害者個々人の救済、個々の元「慰安婦」への償いというより、歴史認識、ナショナリズム、フェミニズムをめぐる政治的・感情的な争いへと転化してしまっていたのである。

一九九〇年代は、フェミニズムが巨大な潮流となって国際的に勃興《ぼっこう》した時期であった。「慰安婦」問題は、旧ユーゴ紛争に随伴したレイプや女性虐待と並んで女性の尊厳への侵害の象徴的事例とされ、欧米のメディアでも大きな関心を呼んだ。こうした支配的潮流のなかで、主要メディアは有力な支援団体や学者、NGOが主張する国家補償論をそのままくりかえす傾向が強かった。そうしたメディアの報道と論調は、それがまたそうした主張を強化し、世論をそうした方向に導くという効果をもっていた。

とくに『The Japan Times』のアジア女性基金への批判は激しかった。むろん、政府の政

The Japan Times

Wednesday, July 19, 1995

Sex-slave fund to debut as controversy lingers

A controversial private fund to provide "consolation money" to foreign women forced into sexual servitude before and during World War II will be inaugurated today.

Prime Minister Tomiichi Murayama expressed a "deep apology" Tuesday to the "comfort women" prior to the government's establishment of the Asian Peace National Fund for Women.

Murayama said the government will do its best to achieve the fund's primary goal — dispersing money to former sex slaves — while calling for understanding and cooperation from all Japanese.

Bunbei Hara, who will complete his term as president of the Upper House Saturday, will be in charge of the fund, which will collect money from the private sector and individuals through such organizations as the Japanese Red Cross Society.

The government has set aside ¥480 million in the budget for this fiscal year to support the fund. The sum is expected to help provide some medical and welfare services to former comfort women.

But direct monetary payments to individual women, as atonement for Japan's behavior will come from public donations. The government itself refuses to pay compensation, a stance that has brought acute criticism.

"The (comfort women) issue is a thing that cannot possibly be forgiven because the Imperial Japanese Army was involved," Murayama said in a statement, adding that many women suffered severe loss of honor and dignity. "I would like to deeply apologize for all who physically and mentally got hurt . . . as military comfort women."

The government will prepare documents related to the issue to try to learn from Japan's military past, the Socialist prime minister added.

Earlier in the day, six of the fund's 20 campaigners met with Murayama to urge the government to sincerely apologize to the women and provide them with sufficient welfare and medical services.

During a 10-minute meeting with Murayama, Yoshiko Otaka, a former Upper House member, said Japan's wartime policy of recruiting sex slaves for its soldiers trampled on the victims' dignity and feelings. Japan cannot apologize enough, she said.

Reading from a statement written by the fund's supporters, Otaka said that although the state recruited comfort women, all Japanese are responsible.

Murayama responded by saying, "Although materials or money cannot compensate those women enough . . . (the government) would like to

CONTINUED ON PAGE 3

LDP to win 50 seats, poll shows

The Liberal Democratic Party, the largest component in the three-party ruling coalition, will probably win 50 seats or less in the July 23 House of Councilors election, a Kyodo News Service survey indicated Wednesday.

Thirty-three LDP seats will be up for grabs, and the party is fielding 66 candidates.

The Social Democratic Party of Japan, a smaller coalition partner, is likely to win 15 to 19 seats, below the 22-seat target set by SDPJ Chairman and Prime Minister Tomiichi Murayama.

Forty-one SDPJ seats will be up for election, and the party is backing 40 candidates.

Because New Party Sakigake, the smallest coalition partner, faces tough contests in prefectural constituency races, the ruling coalition appears unlikely to secure its combined target of 75 seats. As a group, 75 ruling coalition seats will be at stake in the election.

Sakigake, fielding a total of

Coalition to resolution ca for nuclear t

The three ruling coalition parties announced Tuesday that they have agreed to propose a Diet resolution calling for a total ban on nuclear testing.

The resolution would in effect demand a halt to France's planned resumption of nuclear tests.

The announcement by Chief Cabinet Secretary Kozo Igarashi, a member of the Social Democratic Party of Japan, comes just ahead of this weekend's Upper House elections.

The coalition agreement came after Finance Minister Masayoshi Takemura, who heads New Party Sakigake, brought up the idea with Prime Minister Tomiichi

「性的奴隷基金発足へ」と報じる『The Japan Times』（1995年７月19日付）

策を批判的に検討し、それを望ましい方向に導くのはメディアの重要な役割である。しかし、同紙の記事は、事実の多様な側面を伝えて読者の理解を助けるというより、書き手の信念に従ってひたすら日本政府とアジア女性基金を批判するという傾向が強かった。

『The Japan Times』は、一九九二年一月一一日の『朝日新聞』のスクープを端緒とする報道合戦当時から、そのときの渡辺美智雄外相談話を「数十万人のアジア人慰安婦への強制売春に加担したことをはじめて認めた」と脚色して報じるなど、その傾向性は際立っていた。アジア女性基金発足を報じる見出しも「性的奴隷基金発足へ」であり、アジア女性基金の呼び方からして基金への悪意を喚起する意図があるのではないかと疑われるものだった。

日本に駐在する外国の新聞・テレビ記者の多くは日本語ができず、日本の英字紙の報道や論調に頼る傾向が強い。そうしたなかで、代表的な英字紙である『The Japan Times』の論調がアジア女性基金にきわめて批判的だったことは、それらの外国紙やテレビが基金に批判的な論調をとる一因となったのではないかと思われる。また、市民に新聞以上のインパクトを与えるテレビでも、多くのキャスターや記者は基金に批判的であり、その影響も大きかった。

このようなメディア一般の批判的風潮が支配するなかで、発足直後のアジア女性基金には、償い不要論から国家補償・責任者処罰以外の行動をすべて欺瞞《ぎまん》とする立場まで、さまざまな非難が寄せられた。基金の会合には多くのNGO、記者が詰めかけ、会合を無事に開くことが困難に感じられることもすくなくなかった。和田春樹氏、高崎宗司氏など、かつて韓国民主化運動にかかわりながらアジア女性基金に参加した人は、多くの市民運動のグループやフェミニストたちから「裏切り者」という扱いを受けた。

わたし自身は、アジア女性基金発足時に呼びかけ人を代表して記者会見を行い、新聞への投稿などのかたちで基金を説明する立場にあった。そのため、自宅にまで左右双方の陣営から非難と脅迫が殺到し、家族の安全のため一年近く警察が自宅付近をパトロールするという事態に見舞われた。ほかの呼びかけ人にも非難や脅迫が殺到した。当初呼びかけ人となる意思を示していた宮城まり子さんは、こうした状況のなかで呼びかけ人を辞退した。

償いと無数の課題

日本国内でも国際社会でも逆風が吹き荒れるなかで、アジア女性基金は償いを具体化するための検討を重ねた。「慰安婦」制度の犠牲者は日本軍が戦ったアジア諸国に広がり、かつてのインドネシア支配国オランダにも被害者がいた。こうした厖大《ぼうだい》な被害者を、だれが、どのようにして見つけ出し、元「慰安婦」と認定し、どのようにして償い金と総理のお詫びの手紙を届け、医療福祉支援事業を実施するのか。

償い金と医療福祉支援費は、被害者にそれなりの満足感をもっていただける額でなければならないが、その場合、償い金と医療福祉支援費の合計額は、被害者の住む国の物価水準で日本の数千万円に相当する価値をもつ可能性がある。そうである以上、嫌なことではあるが、虚偽の申請がなされることはありうる。被害者の認定に際しては、一方でみずからを公にしたがらない多くの元「慰安婦」のプライバシーを守り、他方では虚偽の申請を見抜く作業が求められる。しかも、ほんとうに「慰安婦」だったかを審査・認定する際に、「セカンド・レイプ」と言われる事態を引き起こすことは厳に避けなければならない。

「慰安婦」問題については、一方の極には「軍による強制を証拠付ける文書がないから、強制はなかった」という主張があった。他方の極には、「被害者の証言を疑い、歴史学者や政府がその真偽を検討して判定しようとすること自体が被害者に対する抑圧であり、認められない」といった主張がなされた。

文書による証拠と並んで証言、口述が証拠価値をもつのは、歴史学上も訴訟法上も確立していることであり、前者の主張は問題にならない。およそ被害者（と主張する人）の主張に疑いを差し挟むべきでないという後者の主張も、「被害者の聖化」にほかならず、実際的意義を欠く観念論である。「自分は慰安婦だった」と主張する人のなかに偽ってそう称する人が含まれることは、人間性の現実を受け入れるかぎり否定できないからである。

真偽の判定にあたって被害者（と主張する人）に最大の配慮をすべきことは当然だが、個人への償いは、被害者を認定するという作業を経なければならない。その際、「自分は慰安婦だった」と主張する人のなかに虚偽の主張者が含まれる可能性がある以上、すべての人を元「慰安婦」と認定することはできない。主張の真実性を認定する基準と手続きをつくらなければならない。その場合、「加害国」の立場にある日本の政府やアジア女性基金が申請者の真偽を判定することは、被害者、被害者の本国、国際社会の理解が得られないだろう。

しかし、かといって、被害者の属する国の政府が被害者についてすべて情報をもっていて被害者を適正に認定できるわけではない。また、「慰安婦」制度の犠牲者とそれ以上の厖大な数に上る日本軍による強姦《ごうかん》の被害者を区別できるのだろうか。そもそも区別すべきなのだろうか。

償いの方針の具体化

このように、解決すべき具体的問題は無数にあった。

他面において、被害者は高齢であり、償いは一日も早く行わなければならない。また、償いは、被害者にそれなりに評価してもらえる金額でなければならないが、それは具体的にいくらなのか。被害者に真摯なお詫びとして評価してもらえる政府のお詫びの手紙とは、どのような手紙なのか。

アジア女性基金は、運営審議会を中心にこれらの問題の検討を重ねつつ、元「慰安婦」からの聞き取り、彼女らの属する国の政府および彼女らを介護・支援してきたＮＧＯと話し合いを重ねて、これらの問いへの具体的対応を探った。こうした検討、聞き取り、話し合いの結果、基金は一九九六年七月に、次のような方針を決定した。

（１）総理の手紙と償い金は直接被害者本人に届くことを原則とする

（2）当該国・地域の実情に応じ、その政府が実施してきた施策との整合性、被害者のプライバシー保護と生活の平穏の維持に最大限留意する
（3）当該国・地域の政府と関係市民団体などに協力を求める

こうした基本原則にもとづき、基金としては戦争中に旧日本軍の「慰安所」などで一定期間将兵等に性的奉仕を強いられた人たちを「従軍慰安婦」と考えることにした。単純な強姦の被害者は含まないとされた。こうした「慰安婦」認定の線引きは、「慰安婦」と認定されず、それゆえ償いの対象とされない人々の問題など、さまざまな問題を含んでいたが、その問題はあとで述べる。

具体的な被害者の認定については、元「慰安婦」の属する国の政府が行う認定を尊重しつつ、その認定の手順をアジア女性基金として確認することにした。具体的な元「慰安婦」の認定は国により異なり、被害者の国の政府が元「慰安婦」の支援と介護にかかわってきた支援団体の協力を得て行うケースが多かった。しかし、韓国と台湾では政府の協力が得られないためこうした方法をとることができず、後述する種々の問題を生んだ。申請期間は公示後五年以内とすることや、一定の要件を満たす遺族には医療福祉支援事業は行わず、首相のお詫びの手紙と償い金のみを渡すことなども、このとき定められた。

絞られた五つの国・地域

「慰安婦」制度の犠牲者は、日本、中国、韓国、北朝鮮、フィリピン、インドネシア、オランダなど、所得水準と物価水準が大きく異なる国々にまたがっていた。これらの国々の政府は、元「慰安婦」が償い金を直接日本から受け取ることについて多様な立場に立っていた。たとえば、中国に多くの元「慰安婦」がいることはたしかだが、中国政府は元「慰安婦」を「慰安婦」制度の犠牲者として把握・認定していなかった。また、中国政府は、一方で被害者の個人としての請求権は存在するという趣旨のことを言いながら、他方では毛沢東が一九七二年の日中共同声明で決着をつけた対日戦争賠償問題が問題化して国内が不安定化するのを嫌う姿勢も強かった。インドネシアでは、多数の元「慰安婦」と主張する人々が補償を要求していたが、インドネシア政府は被害者の認定をしておらず、元「慰安婦」個々人への償いにも消極的だった。

日本政府は、そうした中国・インドネシア両国政府を説得して被害者個々人に償い事業を実施しようとはしなかった。わたしは一九九五年八月に中国を訪問した際、当時中国公使だった阿南惟茂《あなみこれしげ》氏と会い、中国で元「慰安婦」への償いを行うべきだと主張したが、同氏はさまざまな理由を挙げて中国での償いに強く反対した。インドネシアについても、日本政府は後述するようにきわめて問題の多いインドネシア政府の「償い事業」方式案を受け入れた。北朝鮮に関しても、日本と国交がないため、償い事業を実施する合意を取り決めることはできなかった。

被害者を政府が一応把握している国も、被害者個々人への償いについての姿勢は多様だった。フィリピン政府とオランダ政府は基金による償いを評価し、これに協力した。韓国政府は、アジア女性基金設立にいたる政府間の話し合いでは中立的な態度だったが、国内世論が反発すると償いの実施に反対するようになった。台湾は日本と国交関係がなく、「慰安婦」問題に対する台湾政府（日本は国際法上台湾を国家として認めていないため、台湾当局という言い方をする）の立場も好意的とはいえなかった。こうした多様な状況のなかでアジア女性基金は、被害者からの要請があり、償いの事業が実施可能と判断したフィリピン、台湾、韓国、オランダ、インドネシアを対象として償いを進めることになった。

募金活動の課題

かつて「慰安婦」とされた被害者はすでに高齢であり、償いを受け入れたいと希望する被害者には一刻も早く償い事業を実施しなければならなかった。そのため、募金活動のごく初期の段階で被害者への償い金の額を決めなければならなかった。しかし、基金に対する多くの支援団体の反応は厳しいものであり、そうした支援団体の強い影響下にある元「慰安婦」たちがどれだけ償いを受け取るという意思を示すのか、予測が立たなかった。

わたし自身は、それまでの二〇年以上に及ぶ戦争、植民地支配の被害者とのつき合いの経験から、「問題はカネではなく、尊厳だ」という多くのNGOの主張は一部被害者の声しか代弁しておらず、被害者の多くは基金による償いの受け入れを望むだろうと考えていた。ただ、基金の償いをごまかしと決めつける言説が支配するなかで、元「慰安婦」たちが「基金の償いを受け入れたい」と言い出せるのか、その点の不安は大きかった。

逆に、償い金の額を決めて個々の被害者に手渡しはじめたあとで受け取りを希望する元「慰安婦」が続出して、償い金が足りなくなったらどうするのか。この不安も大きかった。募金活動を続けても不足する場合は、アジア女性基金の理事たちが自分の財産から拠出して補塡《ほてん》するのか。しかし、償い金の総額が募金額を大幅に上回ったら、理事個々人の財産ではとうてい補塡できないだろう。その場合政府は国家予算から補塡する用意があるのか。これはアジア女性基金にとって重大な問題だった。

日本政府は、償い金が万一不足した場合これを政府予算から塡補《てんぽ》することは、みずからがそれまで否定してきた国家補償論を認めることになりかねないとして強く抵抗した。しかし、日本政府が道義的責任を認めて国庫から支出することは、仮に法的責任を認めないとしても可能なはずである。こうして、最終的には原理事長が橋本首相と直接交渉してその点に関する橋本首相の言質を獲得し、この問題は解決した。もっとも、橋本・原会談において橋本首相がいかなるかたちでこの点に関する保証を与えたのか、二人とも鬼籍に入ったいまとなっては確かめることは困難である。

三木睦子氏の辞任

このように「償い」の具体的内容の確定は困難な課題だったが、なかでも総理のお詫びをどのようなかたちで表明するかは、きわめて重大な問題であった。それは、政府部内でも、与野党間でも与党内でも、日本でも海外でも、「慰安婦」問題への日本の姿勢を示す象徴的な意味をもっていた。

一九九五年六月に五十嵐官房長官が償いの四つの柱を明らかにしたとき、「政府による反省とお詫びの表明」について村山内閣とアジア女性基金の呼びかけ人とのあいだには、元「慰安婦」個々人に総理がお詫びの手紙を書いてそれを届けるという了解があった。ただ、自民党と政府内には、総理の署名入りのお詫びの手紙を被害者一人ひとりに渡すことには強い抵抗が残っていた。

一九九六年一月、村山内閣は退陣し、自民党の橋本総裁を首班とする内閣に代わった。しばらくすると、首相就任前に日本遺族会の会長を務めていた橋本首相は元「慰安婦」にお詫びの手紙を書くことに消極的であるとの情報が流れてきた。呼びかけ人の三木睦子氏が首相と会った際にこの点を問いただしたところ、首相はお詫びの手紙を書くことに消極的な姿勢を示した（と、三木氏は解釈した）。このため三木氏は、政府の約束違反であると抗議して、五月に基金の呼びかけ人を辞任してしまった。

この経緯が報道されると社会的に大きな反響を呼び、政府は厳しい批判にさらされた。アジア女性基金の呼びかけ人にはメディアからの取材が相次ぎ、和田氏やわたしのように三木氏と近い立場にいる呼びかけ人も抗議の辞任をするのではないかという推測が流れた。三木氏辞任の反響に驚き、辞任がほかの呼びかけ人に波及することを懸念した政府は、橋本首相はお詫びの手紙を書かないとは言っていないと弁明した。多くの呼びかけ人は政府の対応に強い危機感をもったが、辞任という道は選ばず、政府との交渉により償いの質を高める道を選択した。

最終的に橋本内閣は個々の被害者宛の総理のお詫びの手紙を作成し、橋本内閣以降すべての内閣も首相が署名したお詫びの手紙を元「慰安婦」個々人に届け続けた。こうして、アジア女性基金初期の最大の懸案だった総理のお詫びについては、村山内閣から橋本内閣への交代で危うくなりかけた政府の約束を、辞任という捨て身の行動をとった三木氏と、政府に真摯なお詫びの手紙を出させることに力を注いだ残留組との協同作業によって、基金がなんとかつなぎとめたのである。

三木氏はアジア女性基金発足前に理事長候補に擬せられていた有力者であり、その辞任は基金にとって大きな痛手だった。発足一〇ヵ月後の辞任という行動は多くの基金支持者の失望を招き、海外での基金のイメージ失墜の一因となった。ただ、三木氏の辞任がなければ、橋本首相が元「慰安婦」個々人に宛てたお詫びの手紙を書くことに最終的に同意したか、微妙である。

三木氏の辞任には、肯定的な評価も、逆に批判もあるだろう。ただ、いかなる評価を下すにせよ、それは右に述べた厳しい政治状況と、その後歴代首相が出した三六四通のお詫びの手紙が被害者の方々に与えた満足感という全体の文脈のなかでなされなければならない。政府と協働して公共的課題を追求する市民が政府と対峙していかに行動すべきかという問題を考えるうえで、一人ひとりが考えるべき示唆的なエピソードといえる。

募金に応じてくれた人たち

総理のお詫びと医療福祉支援が政府のなすべきものだったのに対し、国民からの償い金を募り、それを被害者に渡すことはアジア女性基金がみずから行う最大の事業だった。全国民を対象とする本格的な募金活動は、一九九五年八月一五日に主要紙に基金の広告を掲載した後、ただちに開始された。

具体的に募金として考えられたのは、（1）全国的規模の一般市民からの募金、（2）労働組合からのまとまった募金、（3）経済界からの大口募金、（4）政府、地方公共団体などの職場を通じての募金であった。

このうち一般市民からの募金については、メディアを通じて広報・宣伝活動を展開し、振り込み口座に払い込んでもらうことが基本だった。また、アジア女性基金の理念に賛同するNGOが街頭募金に立ったり、呼びかけ人、理事などが講演会、さまざまな集いなどを利用して募金活動を行った。労組からの募金については、以前から「慰安婦」問題に積極的に取り組んでいた自治労が中心となって活発な募金活動が行われ、かなりの額が寄せられた。

経済界からの募金は、大口の募金としてアジア女性基金が強く期待したものだったが、残念ながら経済界の協力はほとんどなかった。基金発足時に呼びかけ人を引き受ける財界人はおらず、大企業からの拠金もすくなかった。政府は外政審議室などを中心に財界に働きかけたが、反応はほとんどないか、否定的なものだった。呼びかけ人も、三木睦子、大鷹《おおたか》（山口）淑子《よしこ》、わたしが一九九六年三月一四日に連名で『毎日新聞』（夕刊）に寄稿して拠金を訴えるなど、働きかけを試みたが、効果は乏しかった。

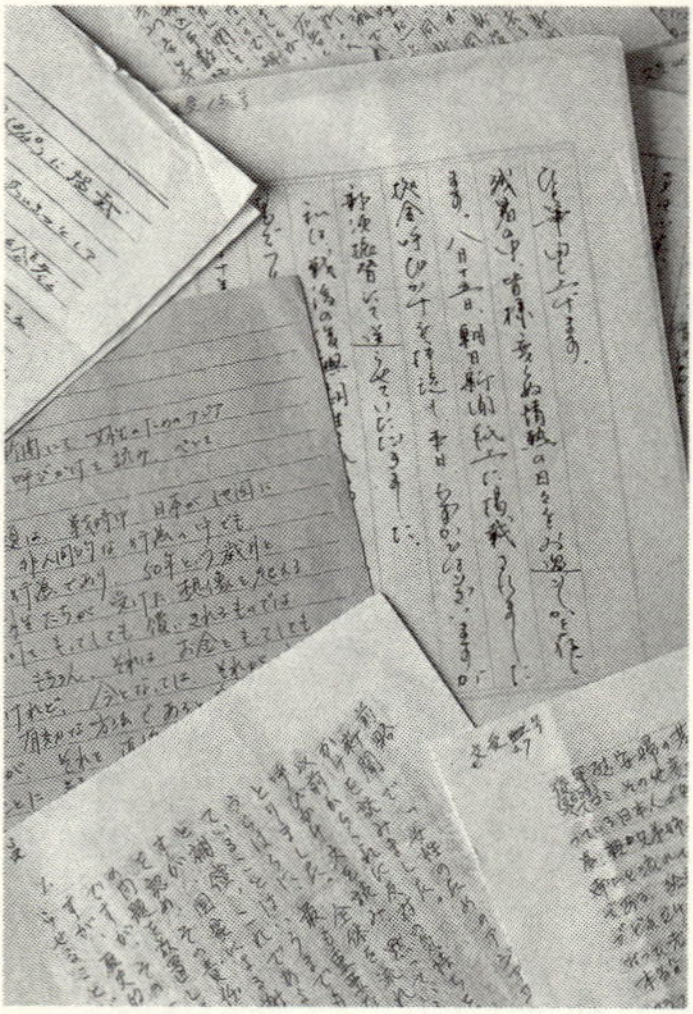
基金に寄せられた拠金者からの手紙

実際の拠金でもっとも貢献度が高かったのは職場募金だった。県、市、町などの地方公共団体や全国の税務署、警察、自衛隊、在外の大使館など、政府の各省庁や職場に、個人としての拠金の要請が、呼びかけ人、理事、さらに各省の幹部などから個人的立場で手紙、ファックス、電話などのかたちでなされた。こうした呼びかけに応じてさまざまな職場から、手紙、振り込み用紙への添え書きなどに記されたお詫びや謝罪のことばとともに、連日数万、数十万、ときには一〇〇万を超える募金が寄せられた。

どういう職場からどういう人が、どのような気持ちで、どういったことばを添えて拠金してくれたか。これにはそれだけで一冊の本になるぐらい興味深いものがあったが、ここではごく一部を紹介できるだけである。

個人としてもっとも多額の三〇〇万円以上の寄付をしてくれたのは、老人ホームに暮らす一人の貧しい女性だった。「民衆の戦争責任」という自覚の下に拠金すると書いてきた市民がいた。祖父たちの行為の責めを自分たちも負うべきだと書いて拠金してきた青年もいた。あくまで国家補償を要求し、基金には反対だ、と書きながらお金を送ってくれた人もいた。半世紀後の平時の道徳観で簡単に裁断しないで欲しい、と書きながら拠金してきた、「慰安婦」を「買った」元兵士がいた。「なぜ韓国人が寄付しなきゃならんの?」という妻の反対を押し切って拠金してくれた在日韓国人の男性がいた。熱心な大使館員の働きかけに感じるものがあって多額の拠金を送ってくれた在外の日本人会もあった。

こうした無数の拠金者の声は基金が保管し、その一部は『アジア女性基金ニュース』や基金の刊行物に再録された。二〇〇七年三月の基金解散後も、ウェブサイト上のアジア女性基金図書館〈http://www.awf.or.jp/ianfu/message.html〉でアクセスすることもできる。

職場拠金のなかには、上司や同僚からの勧誘に「つき合いで」という受動的な性格のものもあっただろう。ただ、これらの職場からの拠金は、街頭や集会などでの拠金以上に、普段は「慰安婦」問題など考えることもなく生きている市井の人々からのものだった。とくに税務署、警察、自衛隊などは、一般に反政府的な傾向が強いＮＧＯが募金活動しにくい組織であり、そうした人々からの拠金はアジア女性基金というかたちでなければ困難だったろう。これらの職場募金は、その意味で、政府と国民がともにかつての過ちを償うというアジア女性基金の理念をひとつの具体的なかたちで示すものだった。

償い金と医療福祉支援費の決定

国民からの拠金額は一九九六年七月までの一年間で約四億円に上ったが、その後は勢いが衰えた。経済界が全体として非協力的ななかで、不十分な募金額をにらみながら、運営審議会と理事会は償い金と医療福祉支援費をいくらにするか、審議を重ねた。決定すべき問題は、それらの額に加えて、物価水準が異なる諸国の被害者への償い金と医療福祉支援費を同額にすべきか、いつから事業を行うべきか、など多数あった。

償い金と医療福祉支援費の額については、基金内に二つの考え方があった。ひとつは、「慰安婦」制度という女性の尊厳を踏みにじる制度の犠牲者という点で国籍は無関係であり、償いはすべての国の被害者に一律でなければならないという考えである。もうひとつは、フィリピンと韓国、台湾では一人当たり国民所得と物価水準に巨大な差がある(一九九六年の一人当たりGDP〈国内総生産〉は、日本約三万七〇〇〇米ドル、台湾約一万三〇〇〇ドル、韓国約一万一〇〇〇ドル、フィリピン約一二〇〇ドルだった)以上、一律支給としたのでは、韓国、台湾の被害者にとって実質的に過小な額を支給することになる。それでは韓国と台湾の被害者の理解が得られないというものである。

それぞれ一理ある考え方で、アジア女性基金内では激しい論議が交わされた。最終的には、国民の拠金からなる償い金は国民全体の償いの気持ちを示すものゆえ被害者によって差異があってはならないが、医療福祉支援費は国により物価水準に差がある以上、差をつけるべきだという考えでまとまった。

こうして、元「慰安婦」からの申請の可能性が強く、早急に金額を決める必要があったフィリピン、台湾、韓国について、償い金は一律二〇〇万円とするが、医療福祉支援費は物価水準の低いフィリピンは一二〇万円、韓国、台湾は各三〇〇万円とすることに決められた。フィリピン人の被害者には計三二〇万円、韓国、台湾の被害者には計五〇〇万円を支払うことが決定されたわけである。

わたしはこの方式は適切と考えるが、被害者の立場を尊重するのが基金の原点であるのなら、一人当たりGDPの大きな差を踏まえて、日本政府は韓国、台湾の医療福祉支援費にはもうすこし多額の予算をつけるべきだったと思う。右の額が被害者の本国でいくらに当たるかを正確に計算するのは困難だが、各国の一人当たりのGDPと物価水準を考えると、被害者にお渡ししたフィリピンでの三二〇万円は日本での二〇〇〇万〜三〇〇〇万円かそれ以上、韓国、台湾の五〇〇万円は日本での約一〇〇〇万円程度かそれ以上に相当したのではないかと思われる。受け取った側の実感からすれば、韓国、台湾の被害者の受取額がフィリピンのそれよりはるかにすくなかったわけで、これはきわめて残念なことだった。

アジア女性基金による償いを批判する人たちは、被害者が求める国家補償と異なる「民間の償い」だったから韓国や台湾の元「慰安婦」は基金の償いに反発し、すくなからぬ被害者が償いを受け取らなかったのだ、と主張する。わたしも一部にそういう要素があっただろうことは否定しない。ただ、韓国と台湾の被害者への償い金と医療福祉支援費の総額が実質的にフィリピンの場合よりもはるかにすくない額に抑えられたこともまた、両国の被害者がアジア女性基金からの償いを受け取ることを躊躇《ちゅうちょ》するひとつの原因であったとも考えられる。この問題は、第3、5章で詳しく検討することにしよう。

II 五つの国・地域での償い

フィリピン

アジア女性基金は、一九九六年一月から元「慰安婦」たちと本格的に接触をはかり、償い事業の実施に向けて行動をはじめた。すでに韓国、フィリピン、台湾、インドネシアなどの被害者から日本政府にさまざまな要求が寄せられていたが、被害者の認定とそれにもとづく償い事業が先行したのはフィリピンだった。なぜだろう？

フィリピンでは、主要な支援団体である「リナ・ピリピーナ」は、当初、元「慰安婦」がアジア女性基金の償いを受け入れることは国家補償要求にマイナスに働くとして反対の立場をとっていた。しかし、一九九六年一月からアジア女性基金の対話チームと話し合った被害者のなかには、償いを受け入れる意向を示す人が出てきた。こうした現実を前に、リナ・ピリピーナは被害者の意思を尊重して、被害者個々人の判断で基金から償いを受け取ることを認めたのである。

償いを受け取るか否かを決めるのはあくまで被害者個々人であることからすれば、これは当然のことと思われる。読者も、なぜそういうことが問題になるのか、怪訝《けげん》に思う方が多いだろう。しかし、後述するように、韓国と台湾ではこの「当然のこと」が尊重されなかった。アジア女性基金の償いを受け入れようとした韓国と台湾の元「慰安婦」は、有力なNGOから翻意するよう執拗《しつよう》に働きかけられ、裏切り者的な扱いさえ受けた。他方、フィリピンでは有力なNGOが、被害者の意思を尊重するという当然のことを、口で言うだけでなく実際の行動で示し、その結果早くから被害者が償いを受け取ることができたのである。

償いは、(1) 英語とタガログ語で主要新聞に基金の償い事業を掲載して申請を募る、(2) 申請をフィリピン政府司法省の担当者が審査し、元「慰安婦」と認定する、(3) 認定された被害者の口座に基金から三二〇万円相当額を振り込む、(4) フィリピン政府の社会

フィリピンでの謝罪・補償式典で，橋本総理のお詫びの手紙が手渡された（1996年８月14日）

福祉開発省は、日本政府からフィリピン政府に別途支出された予算を使ってソーシャルワーカーを雇い、定期的に元「慰安婦」を訪ねさせ、彼女らのケアにあたらせる、といったかたちで行われた。

フィリピンは多数の島からなる群島国家であり、被害者は僻地《へきち》を含む全国に散らばって住んでいる。そのため、個人面接を含む被害者の認定と認定実施後の医療福祉支援には無数の困難があった。しかし、フィリピン政府の司法省と社会福祉開発省の担当者たち（多くは若い女性の公務員だった）は、粘り強く、熱心に任務を遂行した。在フィリピンの日本大使館も、アジア女性基金の償いがはじまった当時大使だった松田慶文《よしふみ》氏、松田大使を引き継いだ湯下博之《ゆしたひろゆき》大使以下、熱心に償いの事業に協力した。

フィリピンの被害者への償い

一九九六年八月、フィリピンで最初に元「慰安婦」と名乗り出て被害者の中心となって行動してきたマリア・ロサ・ヘンソンさんが、日本の政府と国民からの償いを受け入れるという意思を表明した。ヘンソンさんと、彼女と同時に償いを受け入れる意思を示した被害者は、八月一四日、日本政府を代表する湯下大使、アジア女性基金を代表する有馬副理事長から、橋本首相と原理事長からのお詫びの手紙と、償い金、医療福祉支援の内容を示す目録を受け取った。ヘンソンさんは、当初アジア女性基金による償いをごまかしとして拒否していたが、償いの理念と内容を理解するにつれ、最終的に償いを受け入れることを決断したのである。

詰めかけた記者団にヘンソンさんは、「いままで不可能と思っていた夢が実現しました。とても幸せです」と語った。ほかの元「慰安婦」たちも、「五〇年以上苦しんできたが、今は正義と助けを得られて幸せ」、「今日みなさんの前に出たのは、総理の謝罪が得られたからです。感謝しています」などと語った。こうしたことばとともに、彼女たちは、橋本首相からのお詫びの手紙を誇らしげに掲げてみせた。

むろん、だからといって、アジア女性基金からの償いを受け入れた彼女らはその後幸せな生活を送った、というような単純な話ではないことは言うまでもない。「慰安婦」制度という女性の尊厳を根底から破壊するような制度の犠牲者への「償い」には、とうてい償いきれないものを償おうとするという根源的な限界があり、そのことは常に意識しておかなければならない。ただ、こうした問題がもつ複雑さは、基金の償いを受け入れた被害者にも受け入れなかった被害者にも存在する問題であり、そのことは第3、5章でとりあげたい。

その後フィリピンでの償いは、実施過程でのさまざまな問題に直面しつつもおおむね順調に遂行され、二〇〇二年九月に当初の予定通り終了した。こうした償いの様子は、フィリピンでの償いを担当した有馬理事と松田瑞穂《みずほ》事務局員の基金への報告（被害者のプライバシー保護のため原則非公開）に詳しいが、その一端は『アジア女性基金ニュース』や大沼保昭他編『「慰安婦」問題とアジア女性基金』（東信堂、一九九八年）にも示されている。

アジア女性基金による最初の償いがフィリピンで実施され、その後六年間にわたって行われたにもかかわらず、多くのメディアはほとんど関心を示さなかった。メディアの関心は韓国の元「慰安婦」に集中しており、償い事業の実施を含めてフィリピンの「慰安婦」問題はほとんど報道されなかった。日本における「慰安婦」問題は、「韓国の慰安婦問題」に終始したと言っても過言ではなかった。それは、わたしたちが何かを「問題」として意識することがいかにメディアに左右されるかを示す典型的な例であった。

台湾

台湾の元「慰安婦」については、台湾政府は一九九二年以来、「台北《たいほく》市婦女救援福利事業基金会」(婦援会)というNGOに、(1)元「慰安婦」の認定、(2)彼女らの個人情報の管理、(3)台湾政府からの生活支援金の支給代行などを委ねていた。

一九九六年一月にアジア女性基金の対話チームが婦援会を訪問し、元「慰安婦」たちと話し合ったところ、基金の償いに関心を示す人があらわれた。ところが、婦援会はあくまでもすべての被害者について国家補償を求めるという方針を変えず、元「慰安婦」が償いを受け入れることに強く反対した。九六年八月、ある元「慰安婦」が償いを受け入れたいという意思を表明したが、婦援会は彼女に思いとどまるよう、執拗に働きかけた。台湾政府は、婦援会が反対する以上自分たちはどうすることもできないという態度をとった。

アジア女性基金の台湾担当者が接触した被害者の多くは、償いを受け入れたとしても法的な解決を求める国家補償請求訴訟は妨げられないことの保証を求めた。基金はこの要望を日本政府に伝え、この保証を文書のかたちで元「慰安婦」たちに与えるよう、強く求めた。日本政府内にはこうした保証への抵抗もすくなくなかったが、償い事業が日本の道義的責任にもとづくものである以上、この要求は理論的には当然認められるべきものだった。最終的には日本政府は被害者たちの強い要求を背後に政府と折衝した基金の主張を受け入れ、被害者が償いを受け入れる法的障害は除去された(『オーラルヒストリー』二一〇～二一二ページ)。

この点でアジア女性基金による償いは、被害者にとって後述するドイツの「記憶・責任・未来基金」のそれより優れたものとなった。ドイツの場合、償いを受け取る条件として法的請求を放棄するよう求められたからである。

アジア女性基金は、道義的責任にもとづく償いを受け入れることは国家補償を要求することと矛盾しないのだから被害者個々人の意向を尊重するよう、婦援会に働きかけたが、婦援会は反対の態度を変えなかった。しかし、ここに救い主が現れた。台北で長らく弁護士をつとめ、社会的に高い評価を得ていた頼浩敏氏は、アジア女性基金の理念と努力を高く評価し、基金からの協力要請に応えて償いの実施に協力することを決断したのである。

一九九七年五月、基金は頼氏の萬国法律事務所を申請の受付先に指定して、『中国時報』など、台湾の三つの新聞に償い事業の申請手続きを広報し、受け付けを開始した。主に貧しく、高齢で病気がちの元「慰安婦」たちが申請し、総理のお詫びの手紙、償い金（二〇〇万円）とそれに添えられた日本国民からのお詫びの手紙、医療福祉支援費（三〇〇万円）を受け取った。とくに貧しい生活を送っていた原住民族の被害者にとって、総計五〇〇万円という償い金と医療福祉支援費は実質的な、意味のある助けとなった。

一九九七年からアジア女性基金が開始した償いは、これを受け入れた被害者に関する限り、感謝の気持ちをもって受け取られた。総理のお詫びの手紙は、その内容と、それが日本を代表する内閣総理大臣の正式のお詫びの手紙であるということから、被害者に大きな精神的慰《い》藉《しゃ》を与えるものだった。ある被害者は、「生きているあいだにこういう日が来るとは思わなかった。生きていてほんとうによかった」と語り、「結局日本人はわたしたちを裏切らなかった」ということばで喜びを示した人もいた。

ただ、この過程では彼女たちには大きな葛藤《かっとう》もあった。

元「慰安婦」たちの葛藤

台湾政府から被害者として認定された女性は三六名だった。彼女たちは台湾政府から月額一万五〇〇〇元（約六万円）の生活支援金を受けていたが、婦援会はそのお金を元「慰安婦」に支給する代行機関だった。つまり、婦援会はほかに収入の道がない被害者にとって、いわば生殺与奪の権をもつ組織だった。その婦援会が、アジア女性基金の償いを受け入れるべきでないと主張して、個々人に強く働きかけたのである。当然のことながら、被害者たちは基金から償いを受け取ると支援金の支給が打ち切られるのではないかと怖れた。

また、日本と台湾のあいだには、一九七二年の日中国交回復の際、日本が台湾との国交を一方的に打ち切ったという歴史があった。日本の台湾植民地支配にかかわる賠償・補償交渉もこのとき打ち切られ、台湾の政府も市民もそれへの強い不満をもっていた。このため、台湾のＮＧＯや政府内にも被害者個々人が償いを受け取るかどうかを決めるのは当然だという意見の人もいたものの、婦援会の強硬姿勢を支持する声もかなり強かったのである。

こうした状況のなかで、償いの受け入れを希望する被害者たちは、婦援会の怒りを買わぬよう、婦援会に知られないかたちでお詫びの手紙、償い金、医療福祉支援費を受け取ることを強く望んだ。アジア女性基金はそうした被害者の意向に沿って金の手渡し方を工夫しつつ、弁護士の立ち会いなどのかたちで償い事業の適正な実施を確保した。また、基金関係者は医療福祉支援費を手渡す際など、たびたび彼女らを訪れて慰め、交流を深めた。

アジア女性基金から償いを受け取った被害者たちは、彼女らに会うために台湾を訪れた基金の台湾チームに、これまでのつらかった人生をくりかえし語った。下村満子《しもむらみつこ》理事を中心とする同チームは、一九九六年から一一年間に計四〇回以上にわたって台湾を訪れ、頼浩敏弁護士と日本人ジャーナリストのボランティアの一貫した協力を得て頻繁に被害者を訪ね、山岳地帯の僻地を含む被害者と接触と交流を重ねた。これは岡檀《おかまゆみ》基金事務局員による基金の内部記録（被害者のプライバシー保護のため原則非公開）に詳しいが、その一端は『アジア女性基金ニュース』や大沼他編『「慰安婦」問題とアジア女性基金』にも示されている。

他方、婦援会は最後まで被害者が基金から償いを受け入れることに反対し続けた。このため、婦援会からの圧力を怖れて基金の償いを受け入れる決心がつかないまま、申請期間（一九九七〜二〇〇二年）が徒《いたずら》に過ぎてしまった元「慰安婦」もいた。このように、婦援会から生活支援金を受け取っていた被害者が、基金の償いの受け入れに際して板挟みの状態におかれ、苦しんだことは否定できない。基金の活動がはらんでいた大きな問題点であり、この点はあとで「慰安婦」問題の総体的評価の際に立ち返って考えたい。

韓国

一九九〇年代はじめに「慰安婦」問題が知られるようになって以来、韓国社会で「慰安婦」問題は、日本の残虐、不実、傲慢の象徴として、反日ナショナリズムの言説で覆われてきた。韓国のメディアは、宮沢内閣以来の日本政府の態度に強い不信感を抱き、激しい批判を加え続けた。

こうしたなかで、一九九五年に村山内閣がアジア女性基金による償いの方針をあきらかにすると、韓国の有力な支援団体である「韓国挺《てい》身《しん》隊問題対策協議会」（挺対協）とキリスト教団体を中心とする多くのＮＧＯは、これに強く反発した。アジア女性基金に対する韓国の否定的評価は大手メディアの影響力により韓国社会に深く浸透し、これと異なる見解は最近にいたるまでほぼ圧殺され、表面に出ることはなかった。こうした批判の中核は、アジア女性基金による償いは日本政府が法的責任を回避する隠れ蓑であり、日本政府の謝罪、責任者の処罰、国家補償の実現により尊厳の回復を願う被害者の意思に反するというものだった。

しかしながら、韓国の被害者たちは決してこうした立場で一致していたわけではない。基金は、一九九六年八月以来、韓国政府が認定した二〇七名の元「慰安婦」のうち基金からの接触に応じた被害者に、基金による償いを受け入れる意思があるか否かをたしかめたが、彼女たちが示した要求は、明確な謝罪、責任者の処罰から、無料で診療を受けられる病院や亡くなった元「慰安婦」の慰霊碑の建設、金銭的な補償まで、実にさまざまであった。

アジア女性基金の関係者は、こうした多様な願いをもつ被害者に基金による償いの理念と内容を説明し、できるだけ被害者の意思に沿った償いを実施するように努力した。多くの被害者は、日本政府の不実をなじり、償い金と医療福祉支援費の額にも不満を示し、実現が困難なものも含むさまざまな要求を口にした。しかし、基金関係者と基金に協力するNGO（「戦後責任をハッキリさせる会」）との話し合いを重ね、償いの性質と内容を理解するにつれて、かなりの被害者は徐々に基金による償いを受け入れる方向に向かっていった。

韓国には「慰安婦」問題について、挺対協と「太平洋戦争犠牲者遺族会」という二つの主要な組織があり、そのほかにもキリスト教系NGOを中心とする日本に批判的なNGOが多数あった。このうち、社会的に影響力の大きい挺対協は梨花女子大学教授など知識人が指導するNGOであり、太平洋遺族会は日本の植民地支配の被害者とその遺族を中心とするNGOだった。挺対協はアジア女性基金の償い事業に強硬に反対し、多くのキリスト教系NGO

も同一歩調をとった。償いを受け入れたいという希望を表明した被害者の多くは、太平洋遺族会の一部と、こうした大きな組織以外の被害者であった。

韓国の状況の複雑さ

こうした状況に対して、アジア女性基金内には、韓国での償いについて二つの異なる主張があった。ひとつは、挺対協やキリスト教系ＮＧＯが韓国社会でもつ影響力からみて、あくまでそうした有力ＮＧＯとの対話路線を追求すべきだというものである。もうひとつは、そうした有力ＮＧＯと話し合いを重ねても彼（女）らが軟化する可能性はないとして、償いの早期実施を主張するものである。

前者の立場に立つ呼びかけ人の和田春樹氏、運営審議会委員の高崎宗司氏などはくりかえし韓国の有力ＮＧＯに働きかけたが、彼（女）らとの話し合いは一致点を見出すことができなかった。韓国政府も、強硬な韓国世論のなかでアジア女性基金の償いに反対する姿勢を示すようになった。

他方、アジア女性基金と接触して償いを受け入れる意思を固めた被害者たちは、一日も早く償いを受け取ることを求めた。こうしてアジア女性基金は、韓国政府と有力なＮＧＯの協力を得ることができないまま、償いの早期実施を求める被害者の希望に対応せざるを得なかった。このため、韓国での償いの実施にあたっては、フィリピンや台湾の場合のようにアジア女性基金が中心になることはできなかった。日本政府とアジア女性基金には批判的だったものの、償いを受け取りたい被害者の意思は尊重すべきだとしてアジア女性基金の償いに協力したNGOの「戦後責任をハッキリさせる会」（代表・臼杵《うすき》敬子《けいこ》氏）が、韓国での償い事業の中心となった。

同会のメンバー、とくに代表の臼杵氏は韓国のかなりの数の元「慰安婦」を一九九〇年代初期から支援してきており、彼女らの信頼を得ていた。こうして、韓国では「戦後責任をハッキリさせる会」が中心となり、外務省と連携しつつ、韓国内の理解者の協力を得て償いを実施することになった。だが、韓国政府と有力なNGOの協力を得ることができないまま、しかもアジア女性基金による償いの実施は日本政府の責任回避のごまかしであるという世論が支配するなかで償いが実施されたことは、韓国での償いの実施の過程で多くの困難と深刻な問題を生むことになった。

一九九六年八月にアジア女性基金の韓国対話チームから説明を受けた元「慰安婦」のなかで、金田きみ子さん（プライバシーを守るため、一貫してこの仮名を使用した）など七名は、九七年一月一一日、ソウルで基金の金平輝子理事から首相のお詫びの手紙、償い金と医療福祉支援費を受け取る手続きをとった。このとき償いを受け取った被害者は、現実に総理のお詫びの手紙と償い金、医療福祉支援費を受け取ったことにそれなりの満足感を示し、アジア女性基金も、反対の強い韓国でなんとか償いの第一歩を踏み出すことができた。「はじめに」の冒頭で引いた場面はこのときの模様である。

韓国でアジア女性基金の償いの実施に抗議し声明を発表する支援団体（1997年1月13日）

他方、支配的な世論に反して実施された償いを前にした韓国社会の反発は強まり、受け取った被害者もアジア女性基金も、このあと大きなツケを払わなければならなかった。

償いの実施と韓国世論の反発

一九九七年一月に基金が七名の被害者の希望に沿って償いを実施したことに対して、「アジア女性基金＝日本政府によるごまかし」という思いに凝り固まっていた韓国のメディアとNGOは激しく反発した。韓国社会の非難と反発は、日本政府とアジア女性基金に向けられただけでなく、償いを受け取った被害者にも向けられた。償いを受け入れた七名の元「慰安婦」は、

「金に目がくらんで心を売った者」という目で見られることになってしまったのである。

韓国政府は当初、日本と韓国のあいだの請求権問題は一九六五年の日韓請求権協定で解決済みという態度をとっており、日本が道義的責任にもとづいて償いを行うという村山内閣の方針を、消極的ではあるがそれなりに評価するという姿勢を示していた。しかし、こうした強硬な世論を前に、韓国政府は次第に日本政府と基金に厳しい姿勢を示すようになった。

このように韓国内では、アジア女性基金の償いの実施に強い反発が起こったが、他方、七人のほかにもすくなからぬ被害者が償いを受け入れる希望をもっていた。そうした被害者の声は、あるいは本人から、あるいは「戦後責任をハッキリさせる会」の協力者を通して、基金に伝えられた。そうした受け入れ希望者のなかには、病気がちで、早急に償いを実施しなければ余命も定かでない、といったケースもあった。

アジア女性基金は償いの早期実施を求める被害者の切実な声と、償いの実施に反対する韓国世論の強い反発の板挟みになって苦慮した。基金の一方には、韓国世論の反発がきわめて強い以上、償いの実施はしばし延期すべきだという意見があった。他方、被害者の切実な声に応えるのが基金の任務であり、多少の反発は押しても償いを実施すべきだという意見が主張された。両者は、被害者への償いという目的では一致しつつも、その方法、タイミングの点で鋭く対立した。

最終的には、アジア女性基金としては何よりも被害者の意思を尊重すべきだという立場から、一九九八年一月を期して償いを本格的に実施することで意見がまとまった。こうして基金は一月六日に『ハンギョレ新聞』など四紙に広告を出して償いの内容を説明し、申請を受け付けることを広報した（『東亜日報』『朝鮮日報』などの有力紙はアジア女性基金の広告を拒否した）。これに対しては償いを受け入れたいという多数の被害者からの反応があり、アジア女性基金は韓国内で償いの実施に協力する人たちを通じて償いを開始した。しかしこれに対しては、挺対協ほかの有力NGOとメディアはさらに強い反発を示した。

挺対協を中心とする韓国のNGOは、被害者が「金で転ばない」ようにするため（韓国内では、日本からの償いを受け入れた被害者を「お金欲しさに心を売った」民族的裏切り者とみる偏見が強かった）、一九九六年一〇月から市民への募金運動を開始していた。しかし、この募金は十分な成果をあげることができなかったため、挺対協は韓国政府に、元「慰安婦」にそれまで以上の実質的な額の生活支援金を支給するよう働きかけた。

一九九八年三月、挺対協と強い人的なつながりをもつ金大中《キム・デジュン》政権が成立すると、韓国政府はこの挺対協の要求を受け入れた。こうして、被害者に一人当たり募金運動で集めた四一八万ウォン（約四〇万円）と政府からの生活支援金三一五〇万ウォン（約三〇〇万円）が支給されることになった。これは貧しい生活を送っていた多くの被害者にとって大きな救いであった。

ただ、韓国政府は支給に際してアジア女性基金からの償いを受け入れないことを誓約することを求め、一九九七年一月に償いを受け入れた七名と、その後基金から償いを受け取ったとして誓約書に署名しなかった四名には支給を拒んだ。一一名の被害者はそうした差別扱いにショックを受け、アジア女性基金も韓国政府に対して、韓国政府の生活支援金と基金の償い金や医療福祉支援費は性格が違うと強調した。しかし、韓国政府は反日ナショナリズムの象徴となっていた「慰安婦」問題での強硬な世論を意識し、決定を変えることはなかった。

韓国での挫折

「慰安婦」問題をめぐる韓国の反日ナショナリズムが激化するなかで、アジア女性基金は一九九九年一月に償いの実施を一時中止し、集団的な医療ケアへの転換などを含む基金事業の変更の可能性も含めて韓国政府や挺対協などと協議を重ねた。韓国の金大中政権は知日派の政権であり、「慰安婦」問題についても挺対協とアジア女性基金との話し合いに期待するという姿勢を示した。ただ、金大統領も、反日ナショナリズムの象徴と化していた「慰安婦」問題で強硬な世論を説得するという「火中の栗」をあえて拾おうとはしなかった。

日本政府も、「慰安婦」問題は日韓の二国間協定で解決済みであり、道義的責任にもとづくアジア女性基金の償い以上の行動はとらない、というスタンスから一歩も動こうとしなかった。基金の和田理事、高崎運営審議会委員とわたし（理事）は、挺対協と接触し話し合いを試みるとともに、知日派の金大統領が政権の座にいるあいだにもう一歩日本側が踏み込んで誠意を示すことによって問題を打開すべきだと外務省や外政審議室の担当者に説いたが、日本政府は動こうとしなかった。肝心の両国政府がそのスタンスを一歩も変えようとしない以上、アジア女性基金と挺対協がいくら接触と話し合いを試みても妥結点を見出すことはできない。こうして、日本と韓国でもっとも良好な関係を築いた金大中、小渕恵三政権のもとでも、「慰安婦」問題の打開の道は開かれなかった。

問題が膠着《こうちゃく》状態に陥ったのは、日韓両政府、アジア女性基金、挺対協といった「慰安婦」問題に直接かかわる主体の責任によるものだけではなかった。「慰安婦」問題を強硬な対立軸をもつ社会問題・政治問題として構成してしまった日韓のメディアの煽動的・一面的な報道姿勢もまた、こうした事態に大きな責任を負っていた。わたしは、『毎日新聞』（「日韓二一世紀への道」一九九八年一〇月六日）や『朝日新聞』（「日韓　宴のあとの重い課題」一九九八年一〇月二一日）などに寄稿した論考などでしばしばこうしたメディアとジャーナリズムの責任を指摘したが、焼け石に水という感を免れなかった。

韓国での状況が改善されなかったことから、アジア女性基金は一九九九年七月に償い事業を停止し、申請期間の期限を事実上延長した。しかし、その後事態が大きく変わることはなかった。二〇〇二年五月、アジア女性基金は韓国での償いの受け入れ申請受付を終了し、九月に償い事業は終了した。多くのNGOは活動を鈍らせつつもアジア女性基金への批判的姿勢は維持したが、メディアはこの頃にはすっかり「慰安婦」問題への関心を失っていた。メディアや一般市民の関心が再び高まるのは、二〇〇七年初頭、米国議会に「慰安婦」問題に関する――不正確な認識にもとづく――決議案上程の動きが報じられ、それへの安倍晋三首相の、これまた不正確な認識にもとづくコメントが反響を呼んでからのことだった。

韓国の「慰安婦」問題の難しさ

一九九〇年代の韓国では、「慰安婦」問題は建国以来一貫して世論の底流をなす反日ナショナリズムの象徴となり、「聖化」された。国家補償論を唱え、「慰安婦」問題で強硬な姿勢を貫いていた挺対協は、こうしたなかでフェミニズムの担い手であると同時に反日ナショナリズムの担い手であり続けた。挺対協は九〇年代韓国のヒロインだった。

こうした韓国の状況に対して、日本の償いの理念と性格について韓国国民の理解を得るための日本政府とアジア女性基金の活動はまったく不十分なものだった。

アジア女性基金設立当初わたしは、基金の理念を広報するため、韓国を含む各国の有力新聞に拠金の呼びかけ文の翻訳を含む大規模な広告を出すという案を提案したが、理事会では消極的な意見も強く、論議が長引いた。ようやく理事会では決定された後も、今度は事務局内の抵抗にあい、結局実現されなかった。その後も基金内で基金の理念を訴え、基金への批判に正面から応えるべきだとの提案をくりかえし行ったが、基金全体の動きは鈍く、また政府はそうした議論にブレーキをかけ続けた。

償いのなかでもっとも重要な柱である首相のお詫びの手紙についても、それが被害者やNGO、メディアにどう受け取られるか、という点への配慮は不十分だった。

日本政府は当初、「お詫び」の韓国語訳として、韓国語で重いお詫び・謝罪を意味する「謝罪《サジェ》」でなく、軽い詫びを意味する「謝過《サグァ》」ということばを採用した。先例の踏襲ということだった。しかし、「慰安婦」問題はそうした先例墨守主義では対応できない問題だった。案の定、「謝過」という「軽い」ことばを用いたことは、韓国内で厳しい批判の対象となった。

こうした反応を前に、一九九八年一二月には日本政府も「お詫び」を「謝罪《サジェ》」と訳すことにした。しかし、首相のお詫びが軽いことばでなされたという、最初に染みついたマイナスイメージを払拭《ふっしょく》することはできなかった。「先例に従った」訳を採用することによって、日本政府は、せっかく被害者や被害国民、さらに全世界の人々の心に届く内容をもつ総理のお詫びの手紙を、総理の署名を記して個々の被害者に届けるという、日本政府自身がとった貴重な決断を台無しにし、逆効果を招くものにしてしまったのである。

アジア女性基金内でも、韓国のメディアに積極的に打って出て償いのあり方を正面から論じるという主張は有力な声とならなかった。とくに、衛藤瀋吉《えとうしんきち》、大鷹（山口）淑子、和田春樹、大沼など、「慰安婦」問題解決に強い意志をもつ呼びかけ人が理事になる前の理事会は、呼びかけ人や運営審議会から強く求められてようやく腰を上げるという傾向が強く、なんら積極的な行動をとろうとしなかった。首相のお詫びの手紙や拠金者からのお詫びのことばを新聞広告に掲載するやり方も、基金への批判派の反発を怖れて過度に警戒的・消極的であり、広報としての効果はないに等しかった。

強固な反日ナショナリズム

戦後一貫して反日ナショナリズムが社会の底流をなしてきた韓国では、「慰安婦」問題は一九九〇年代、こうした反日ナショナリズムの象徴と化していた。このため、被害者一人ひとりの切実な思いは、政治、運動、メディアの荒々しい奔流に押し流されてしまった。このことは、被害者への日本国民の償いの気持ちが韓国では素直に受け取ってもらえなかった最大の要因だった。

和田春樹、高崎宗司、大沼そのほかのアジア女性基金のメンバーは、こうした韓国の姿勢を変えるべく、有力な世論指導者に働きかけを続けた。しかし、韓国の学者やジャーナリストは、アジア女性基金の意義や個々のメンバーの姿勢を一定程度評価しつつも、韓国内に吹き荒れる反日ナショナリズムを批判する論陣を張らなかった。ほとんど唯一、かつて『東亜日報』の東京特派員をつとめ、その後国会議員となった李洛淵《イ・ナギョン》氏が元「慰安婦」個々人の意思を尊重すべきだという趣旨の控えめな主張をしたが、「親日派」（韓国でこのレッテルを貼られることは社会的に抹殺されることを意味する）という集中砲火を浴びて沈黙せざるを得なかった。

アジア女性基金の側にも、韓国における償い事業の実施に関して大きな問題があった。一九九七年一月の七名の被害者への償いの実施にしても、九八年一月の本格的な償い実施の広報にしても、基金は韓国世論を敵にまわすかたちで行動してしまった。そうした基金の行動の拙劣さが、基金から償いを受け取った被害者を苦しめる一因であった。そのことについて基金には大きな責任がある。

しかし、韓国での「慰安婦」問題がどの当事者からみても不満足な結果に終わったのは、アジア女性基金だけに問題があったからではない。

ひたすら嵐の過ぎるのを待ち、不作為を旨として、「慰安婦」問題で韓国世論を変える努力をまったくといっていいほど払わなかった日本政府の消極姿勢。挺対協とアジア女性基金が話し合えばよいというだけで、みずからは強硬なNGOの説得に動こうとしなかった韓国政府の無為。元「慰安婦」を「売春婦」「公娼」呼ばわりして韓国側の強い反発を招いた日本の一部の政治家や「論客」と右派メディア。みずからが信ずる「正義」の追求を優先させて、ときに元「慰安婦」個々人の願いと懸け離れた行動をとった韓国と日本のNGO。強固な反日ナショナリズムの下で一面的な「慰安婦」像と国家補償論を報じ続け、多くの元「慰安婦」の素朴な願いを社会的権力として抑圧した韓国のメディア。そうした過剰なナショナリズムをただそうとしなかった多くの韓国知識人。韓国側の頑《かたく》なな償い拒否に、被害者を心理的に抑圧する独善的要素があることを批判しようとしなかった日本の「左派」や「リベラル」な知識人とメディア。

これらのさまざまな要因が相俟《あいま》って、韓国における元「慰安婦」への償いに不十分な結果をもたらしたのである。日韓両国政府も、アジア女性基金も、NGOも、メディアも、こうしたもろもろの要素が創り出した奔流のなかで、個々具体的な被害者にとって望ましい解決は何かというもっとも大切な問題に、十分に応えることができなかったのである。この問題は第5章で詳しく検討する。

オランダ

第二次大戦当時、インドネシアはオランダの植民地だった。そのため、日本軍がインドネシアを占領した期間、日本軍はインドネシア人とオランダ人をともに「慰安婦」として利用した。オランダ政府は、第二次大戦にかかわる日本との賠償問題を一九五一年のサンフランシスコ平和条約と五六年の議定書で解決したが、オランダ国内には日本軍の占領中に捕虜として虐待された人たちを中心に強い反日感情が残っていた。一九九〇年につくられた「対日道義的債務基金」（債務基金）というＮＧＯは、日本に被害者一人当たり約二万ドルの補償を求める運動を展開していた。

在オランダ日本大使館は、オランダ政府と債務基金関係者などの要求に応じて話し合いを重ね、一九九五年に発足したアジア女性基金とこれらの関係者との話し合いを仲立ちした。その結果、（1）オランダ側は償いを受け入れ、元「慰安婦」に手渡すオランダ事業実施委員会（ＰＩＣＮ）を設立する、（2）アジア女性基金は、同委員会を通じて総額二億四五〇〇万円の医療福祉支援を被害者に対し実施する、という償いのかたちが合意された。具体的には被害者一人当たり約三〇〇万円の医療福祉支援費を支払うことになるが、これは日本国民の拠金による償い金についてはオランダ側とアジア女性基金の交渉の過程で双方の理解に齟《そ》齬《ご》があったためであり、残念なことであった。結局オランダでは政府予算からの医療福祉支援費だけが支払われた。

実施委員会は、一九九八年八月に新聞その他のメディアを通じて償い事業の内容と申請手続きを広報した。九九年三月までの申請期間の後、実施委員会が申請を審査して七九名を元「慰安婦」と認定した。被害者のなかには男性もおり、償いの対象とされた。

アジア女性基金は実施委員会を通じてそれらの被害者に償いを実施したが、実施委員会は償いを被害者に届ける際に、一九九八年七月にオランダ首相に送られた橋本首相のお詫びの手紙（先に述べた個々の被害者へのお詫びの手紙と内容は基本的に同一だが、形式上オランダ首相に送られ、それに沿った修正が施されたもの）のコピーを個々の被害者のもとに届けたいと強く求めた。日本政府は最終的にこれを受け入れた。こうして、総理のお詫びの手紙のコピーが被害者個々人に届けられた。このことは、オランダにおける償いを成功に導く決定的な要因となった。

オランダでの償いは、おおむね被害者から評価され、深い満足感をもって受け入れられた。ある元「慰安婦」は実施委員会に、「わたしは橋本首相の手紙にたいへん大きな満足感をおぼえました。長い年月を経て、ついにわたしが受けた被害が一定のかたちで認められたのです。わたしは感情を抑えきれず、身も心もふるえます」との手紙を寄せた。もうひとりの被害者は、「あなた方がわたしのためにしてくださり、これからもしてくださるすべてのことにお礼を申しあげます。この金銭的な補償に対してだけでなく、一六歳の少女であったわたしが受けたあの悲惨さのすべてが認められたことに対してです。そのことが、今なお口を開けている傷口を抱えて生きることに耐えてきたあの傷の痛みをやわらげてくれます」と書いた。そのほかにも同様の感想を漏らした元「慰安婦」はすくなくない。

オランダでの成功の理由

オランダの被害者たちがこうした反応を示した理由は何だったのだろうか。

オランダにおける第二次大戦をめぐる反日感情は激しいものではあるが、韓国の反日感情ほど根深いものでなかった、といえるのかもしれない。被害者の生活が物質的にも精神的にも韓国や台湾ほど厳しいものでなかったことも、ひとつの理由かもしれない。さらに、佐藤行雄《ゆきお》、池田維《ただし》両大使をはじめ、在オランダ大使館が積極的にオランダの被害者支援団体と対話を重ね、地道な努力を継続したことも、大きな意味をもったと思われる。しかし、なによりも大きかったのは、支援団体の対応だった。

オランダの対日補償要求運動の中心的役割をはたしたのは、「対日道義的債務基金」である。その理事の一人が、幼児期にインドネシアで日本軍に収容所に監禁され、戦後元「慰安婦」たちの調査と支援にあたり、初代委員長G・L・J・ハウザー氏を引き継いで二代目委員長として被害者とアジア女性基金との接触と話し合いを仲立ちしたマルガリータ・ハマー・モノ・ド・フロドヴィーユ氏だった。「債務基金」は、話し合いをはじめた当初から、元「慰安婦」個人に償いを実施するなら債務基金としてはこれを妨げない、償いを受け取りたいと希望する個々の被害者への接触に協力してもよい、という立場をとった。

その後、ハマー氏ほか数名の理事が「債務基金」から独立して実施委員会を立ち上げ、アジア女性基金の償いに協力した。彼（女）らは、一貫して個々の被害者の意思と利益を最大限考慮して行動した。とくに、オランダ首相宛の橋本首相のお詫びの手紙のコピーを被害者へ届けることを実現させたのは、ハマー氏たちの功績である。

このようにオランダのNGOは、第二次大戦中の日本の残虐行為に対する責任追及という原則を守り、償いの内容と方法については厳しい要求を日本側に提起しつつも、アジア女性基金の償いの理念と内容を聞いてそれを受け入れようという被害者個々人の希望を尊重し、償いに協力する態度を一貫させた。こうした対応は、フィリピンの主要支援団体だったリナ・ピリピーナが、国家補償要求という原則的立場は維持しつつも、償いを受け入れる意思を表明した被害者についてはその意思を尊重し、基金の償いの実施を個々具体的な事例で助けたことと、軌を一にする。

オランダにおける元「慰安婦」がアジア女性基金による償いを理解し、総理のお詫びと医療福祉支援費からなる償いに相対的に高い満足感を示したことの背後には、このように被害者の意向を尊重し、被害者に寄り添って彼女らの利益を守るために全力を尽くすというオランダのNGOの姿勢があった。

ただ、こうした経緯については日本のNGOは沈黙を守り、メディアもほとんど報じることはなかった。わたしが知る限り、こうしたオランダでの償いのあり方を大きく報じたのは、二〇〇二年一二月二三日の『毎日新聞』の西川恵記者の記事だけだった。

インドネシア

アジア女性基金の実施した償い事業のなかでもっとも不十分なかたちに終わったのが、インドネシアのケースである。第二次大戦中インドネシアは日本の占領下におかれ、多数の強姦や「慰安婦」制度の犠牲者が生じた。一九九二年には元「慰安婦」と名乗り出た女性が現れ、九三年から有力な人権NGOである「法律扶助協会」のジョクジャカルタ支部が、九五年からは第二次大戦中の日本軍による被害問題を扱ってきた元兵補連絡フォーラム協議会も、元「慰安婦」の登録を開始した。これらの登録には強姦その他の多様なケースが含まれているといわれ、その評価をめぐって議論が錯綜《さくそう》した。

インドネシアの「慰安婦」問題にかかわってきた多くのNGOや弁護士を中心に、被害者の認定は可能だという意見もあった。ただ、インドネシアで「慰安婦」と主張している数の膨大さから見て、被害者の認定がどれほど現実的なもので、信頼性を確保できるものであったかという点については、疑問も強かった。日本政府とアジア女性基金の内部では、「慰安婦」と称する人々が数万という膨大な数に達しているインドネシアでは、真に「慰安婦」であったかどうかを認定することは困難だという考えが支配的だった。

こうした状況のなかで、日本政府とインドネシア政府は元「慰安婦」への償いのあり方について協議を進めた。一九九六年一二月、インドネシア政府は、アジア女性基金の償い事業は被害者個々人への償いとしてではなく、高齢者福祉施設の整備事業への支援として行われるべきであるという方針を示した。アジア女性基金内では、こうした案ではその施設が元「慰安婦」のために使われるかについて定かでないとして、強い反対の声が上がった。しかし、インドネシア政府の態度は変わらず、また、インドネシア政府の協力が得られない限り、償いを進めることは困難だった。日本政府もインドネシア政府の方針を受け入れる姿勢だった。

一九九七年三月、インドネシア政府は、償い事業による施設は元「慰安婦」が多く存在すると考えられる地域に重点的に整備し、施設への入居に際しては元「慰安婦」と名乗り出た人を優先するという確約をアジア女性基金に与え、それをインドネシア社会省とアジア女性基金との了解覚書として明文化することに同意した。基金内にはなお反対があった。しかし最終的にはアジア女性基金はこれを受け入れて了解覚書を取り交わし、日本政府が拠出する三億八〇〇〇万円の予算で二〇〇七年までの一〇年間に五〇の高齢者福祉施設を建設することに同意した。

わたし自身を含む何人かの呼びかけ人、理事、運営審議会委員は、こうしたかたちの「償い」に一貫して批判的だった。右の方針が決まったあとも、個人補償を求めるインドネシアのNGOの意見なども聞いたうえで、アジア女性基金が仲介してインドネシア政府と政府に批判的なNGOの双方を招き、フィリピンでのやり方を参考にして、元「慰安婦」を含む日本軍の犠牲者への一定の支給などの方式を検討する会議を開くよう主張した。

しかし、こうした主張は基金内で多数の支持を得ることができなかった。インドネシア政府と了解覚書を取り交わした以上、それを変えるため再交渉するのは困難という判断が支配的であった（これは日本政府の見解でもあった）。こうして、高齢者福祉施設の整備というかたちは償いの理念に合致しないという意見は通らなかったのである。

不満足なインドネシアの状況

アジア女性基金のインドネシア担当者はこれまで建設された施設をほぼすべて訪れ、入居者と接触し、話し合いをもってきたが、そこから元「慰安婦」と確認できたケースはごく一部にとどまる。わたし自身、二〇〇二年二月にインドネシアの三施設を訪れ、できる限り多くの入居者と話し合いをもったが、元「慰安婦」が入居していると確信できたのはスラウェシ島の僻地に建設された施設だけだった。入居者八名中、インドネシア政府の担当者から元「慰安婦」と紹介された三名は、元「慰安婦」と判断する根拠となる内容の話をわたしにしてくれた。しかし、それ以外の施設では、インドネシア政府担当者自身、入居申請にあたって元「慰安婦」ということを確認しておらず、インタビューからも元「慰安婦」とは確認することができなかった。

このように、高齢者福祉施設に元「慰安婦」がどれだけ入居しているか、はなはだ心許ないというのが実情である。インドネシア政府は、高齢者がこれらの施設に入居する際、その人が元「慰安婦」かどうかというインタビューも行っていない。その理由としてインドネシアの担当者が挙げたのは、インドネシア人口の大半を占めるジャワ島の文化では、元「慰安婦」だったことを公にすることは本人も家族も好まない、というものだった。

これは、インドネシアの政府だけでなく、個人補償を要求しているNGOや国会議員にも共通の見解であり、政府関係者による責任回避の口実とは言い切れない。しかし、なればこそ、アジア女性基金は、高齢者福祉施設の建設というインドネシア政府の提案は元「慰安婦」への償いとしてほとんど意味がないという主張を堅持して、交渉を続けるべきだったのではないか。

アジア女性基金でインドネシアを担当したのは外務省出身の理事だったが、同理事は出身母体の外務省に過剰に気を遣う態度をとり、元「慰安婦」への償いという基金の原点にどれだけ忠実だったか、疑問が残る。同じ理事が担当したオランダの場合は、オランダ政府も被害者個々人への償いを支持する態度をとったことから、償いは比較的被害者の満足のいくものとなった。しかし、そうした条件を欠くインドネシアの場合、交渉はインドネシア政府と日本政府の主導で行われ、アジア女性基金はそれを受け入れるほかなかった。

ただ、二〇〇六年になって、西ジャワ州のブリトール、バンドゥンなどに元「慰安婦」を中心とする四つの施設が支援団体の力を得て建設されることになった。五〇の施設のうちのわずか四つとはいえ、それまでの償い事業が以上のような問題の多いものだっただけに、アジア女性基金の償いの最後の年に、基金の理念にすこしでも近付いた施設がつくられることになったのは、わずかな救いではあった。

第3章

被害者の視点、被害者の利益

Ⅰ 「慰安婦」問題の評価

「慰安婦」問題の担い手たち

アジア女性基金の設立と償いの実施は、一九九〇年代に世界中で報じられ、論議された「慰安婦」問題への日本政府の「回答」という意味をもっていた。その九〇年代とは、先進国を中心に国際社会でフェミニズムの力と影響力が飛躍的に増大した時代だった。他方、戦争責任、戦後補償にかかわる問題では、それ以前から日本が責任をはたしてこなかったというイメージがメディアを通して世界的に広がっていた。こうして、「慰安婦」問題は、当初から、女性の尊厳の侵害と戦後責任をはたさない日本という二つのイメージの象徴とされることになった。

アジア女性基金はこのようなイメージが支配する政治、社会、思想、歴史の文脈で、日本が行う元「慰安婦」への償いを担う主体として誕生した。そうである以上、「慰安婦」問題へのもろもろの主体の取り組みを評価するなかで、日本政府の対応とともに基金の取り組みが注目され、論議の中心とされることは当然であった。そして、「慰安婦」問題が人々の歴史観とジェンダー観を真っ向から問いただす象徴と化して激しい論議の対象となっていた以上、アジア女性基金がどのような対応をとったとしても、その対応が正反対の立場を含めてさまざまな立場から批判されることは避けられなかった。

事実、アジア女性基金には、設立時からありとあらゆる批判、非難が浴びせかけられた。批判する主体は、「右」もあれば「左」もあり、フェミニスト、戦後補償論者、反中・嫌韓論者もおり、日本の内外を問わず、政治家、学者、人権活動家、弁護士、ジャーナリスト、漫画家など、多様な立場にわたっている。アジア女性基金の設立にかかわり、その後基金の運営に携わってきたわたしにとって、そうした批判は当初から予想したことで、その意味で驚きはなかった。

ただ、まさにアジア女性基金批判者の多さと多様性が示すように、「慰安婦」問題にかかわった主体は基金だけではない。アジア女性基金は、「慰安婦」問題にかかわった、重要ではあるがあくまでひとつの主体にすぎない。

言うまでもなく、日本政府は問題解決に責任を負う第一義的な主体だった。日本の裁判所もそうである。韓国その他の被害者の国の政府も、日本政府と協力して問題解決に力を尽くすべき主体だった。そして、各国の多様なメディア――新聞、雑誌、テレビにとどまらず、漫画、インターネット、学術誌なども含まれる――の担い手、書き手、語り手、送り手も、支援団体をはじめとするNGOも、「慰安婦」問題にかかわった重要な主体であった。具体的には、『朝日新聞』も『産経新聞』もNHKも、それらの記者やキャスター、そうしたメディアや総合誌、学術誌、漫画など多様なメディアで報道し、自己の主張を展開したすべての者が、「慰安婦」問題の主体であった。

このように多くの主体がかかわった問題である以上、日本国民が「慰安婦」問題の解決への努力と結果を評価し、将来への教訓として胸に刻み込んでいくには、日本政府とアジア女性基金を批判してこと足りるという態度であってはならないだろう。各国政府の指導者や官僚、NGO、ジャーナリストをはじめとする多様なメディアの担い手、学者など、さまざまな主体のいかなる理念と行動がどの程度問題の解決に役立ったのか。あるいは逆に問題の解決を妨げたのか。こうした問題を総体的に考え、論議し、評価しなければならない。

それらのもろもろの主体の一切の作為、不作為の結果として、アジア女性基金による三六四名の被害者への償いの実施、支援者による被害者の日々の介護と支援、韓国政府や台湾当局による元「慰安婦」への実質的な額の生活支援金の支給、女性国際戦犯法廷の開催と判決を含む広範な運動が被害者にもたらしたカタルシス（浄化）、被害者の個人請求権訴訟の全面的な敗訴、謝罪・国家補償・真相究明の特別立法の不成立、日韓関係の感情的悪化、「慰安婦」問題の解決をめぐるオランダ、フィリピンでの比較的高い評価といったもろもろの事実が存在する。

アジア女性基金の担い手も、批判者も、擁護者も、その他一切の主体が、そうした多様な現実に照らしてみずからの判断と行動を評価にさらさなければならない。

評価の基準

評価には言うまでもなく評価の視座と基準が必要である。その視座と基準は評価主体の価値観により多様でありうるが、重要なものとして次のものが考えられる。

(1)「慰安婦」問題とは、「慰安婦」が存在した当時一般的で合法的な公娼制度の一環であり、なんら問題ではなく、したがってその解決なるものも必要ないものなのか。それとも、そうした考えはまちがいであって、「慰安婦」問題は解決すべき社会問題・政治問題として二〇世紀から二一世紀にかけて厳存するものなのか。

(2) 後者の場合、「慰安婦」問題の解決とはだれ(元「慰安婦」個々人、女性一般、日韓関係、日本社会、韓国社会ないし民族など)にとっての解決なのか。その解決は、いかなる目的(元「慰安婦」の尊厳の回復・精神的慰め・老後の生活の安定、元「慰安婦」への国家補償、女性に対する暴力の廃絶、日韓の友好関係の向上、天皇制廃絶、日本の帝国主義・植民地主義的心性の克服、韓民族の誇りの回復など)が実現された場合に達成された、と言えるのか。

（3）それらの目的は、「慰安婦」問題が解決すべき問題として登場してきた一九九〇年代の時点で、どの程度の実現可能性をもっていたのか。その目的実現を主張する主体は、それを現実化するうえでいかなる具体的方策を提示し、それに向けてどのような効果的な行動をとってきたのか。

（4）目的を達成するうえでの評価は、法、道義、（長期的あるいは短期的な、かつだれにとっての）利益、政治的合理性等々のいずれかによってなされるべきか。目的が複数存在する場合、それらの優先順位はどのように考えるべきか。複数の目的を一挙に実現する手段と資源がない場合、何を優先させ、何を将来の課題として残すべきなのか。

「慰安婦」問題のように対立する立場の主張が懸け離れた問題では、このように自覚化された視座と基準を明確にしないと、そもそも評価の共通の土俵が成立しない。もちろん、共通の土俵が成り立ったところで、そこでの評価は論者によってさまざまに異なりうるだろう。

以下は、国際法学者であり現代史の観察者であるわたしが、アジア女性基金の呼びかけ人・理事としてのわたし自身の言動を含む、「慰安婦」問題の多様な関与者の言動を、二〇〇七年の時点で暫定的に評価する試みである。

歴史的事実の認識と評価

戦争中「慰安婦」といわれた人々は、どのような境遇にあり、どのような経緯でそうした境遇におかれたのか。これについては厖大な研究の蓄積がある。ここでは細かい議論のくりかえしは避けて、最低限の要約のみを記しておきたい。

この論点については、「慰安婦」の人数がどのくらいであったのか、元「慰安婦」であった人々が「性的奉仕」に従事するにいたった過程に日本政府や軍の関与があったのか、強制の要素があったのか、当時合法的な職業とされていた公娼の一部なのか、などをめぐって激しく論議された。宮沢内閣の河野官房長官談話に対する自民党右派からの批判など、問題は政治のレベルでも激しく争われてきたし、現在もなお争われている。二〇〇七年初めに米国議会での「慰安婦」問題にかかわる決議案上程をめぐる論議でも、この問題が主たる争点とされている。

しかし、実証性を重んじる歴史学の観点からみた場合、そこには一定の範囲の共通の認識が認められる。それを全面的に否定する議論が、歴史的事実の裏付けを欠く思い込みにすぎないことは、広く認められていると言ってよい。

すなわち、研究者によって約二万から約二〇万人（四〇万人という数字もあるが、二〇万も多すぎるのではないかという説も有力であり、おそらく数万程度だったのではないかと思われる）と推測の幅がある「慰安婦」たちの境遇、待遇は多様であり、きっかけにも多くのかたちがあった。一方の極にはある日突然強制的に連行された事例があり、他方にはすでに「公娼」だった人が募集に応じたケースもあった。もっとも多かったのは、看護婦、家政婦・賄い婦、工場労働者として募集され、現地に着いてみたら「慰安婦」として「性的奉仕」を強制され、長期間自由が拘束される状態におかれたというケースである。軍と生活をともにする以上、人間的な交流も皆無ではなかったとはいえ、全体として女性の尊厳を踏みにじる苛酷な制度であったことはとうてい否定できない。

右の限度での事実認識については、実証研究の積み重ねと裁判における事実認定により、ほぼ共通の認識が確立していると思われる。一部の自民党政治家や右派イデオローグが唱えた「慰安婦＝公娼・売春婦」論は、こうした歴史学的裏付けを欠く思い込みを主張しているにすぎない。また、元「慰安婦」が「性的奴隷」にさせられたのはすべて日本の軍や警察権力による強制にもとづくという、一部の学者、NGO、メディアによって一九九〇年代初期に唱えられた主張も、歴史的事実とは懸け離れた思い込みにすぎない。

II 被害者の願いとそれへの対応

被害者の声とは

歴史的事実として、「慰安所」という女性の尊厳を蹂躙する制度が日本軍の関与のもとでつくられ、運営され、その被害者が現に存在し、尊厳の回復を求めている。こうした事実について共通の認識が得られるとした場合、「慰安婦」問題の解決のための行動は、なによりも被害者の立場に立った視点から評価されなければならないだろう。この点に関しては、多くの人のあいだに争いはないと思われる。

むろん、日韓の友好関係や、国家の利益を優先して考えるべきだという観点からみれば、右のような被害者の立場を最優先させる考えは誤っていることになる。しかし、仮に日本や韓国の政府関係者、そのイデオローグの考えがそうであったとしても、そうした思考が現代社会で世論の支持を得ることはできない。「被害者の立場に立った視点」という考えを政府の要職にある政治家や官僚が仮に個人的に信じていないとしても、彼（女）らはそれを公に正面から否定することはできない。

同様のことは、NGOやメディアの担い手にも妥当する。政府の指導者が筋金入りの国家主義者であり得るように、NGOの指導者、ジャーナリスト、作家、学者などのオピニオンリーダーが生粋の民族至上主義者や男性優位論者であることはあり得る。しかしそうであったとしても、それらの者は、「慰安婦」問題のような人権、人道の根源にかかわるような問題でそうした立場を貫徹することはできないだろう。それは、すでに二〇世紀後半から二一世紀の社会の一大与件となっていると言ってよい。

問題は、評価の基準とすべき被害者の視点とは何かということである。現時点で確認可能な生存被害者が数百人に及ぶ場合、どの被害者の、どの時期の、だれに向かって発せられた、どの発言を、被害者の視点を代表するものと考えるのか。被害者の視点と言った場合、わたしたちは、被害者の救済、利益、癒し（これらは重なり合いつつも、異なるものをあらわしている）などのうち、何を考えるべきなのか。

そもそも、被害者とはだれを指すのだろうか。「自分は元慰安婦だった」と名乗り出た勇気ある少数の被害者は、すべての、あるいは多数の被害者の声を代弁し、その境遇と願いと利益を代表しているのだろうか。また、しばしばメディアに「被害者の声」を伝えてきた有力な支援団体やNGOは、ほんとうに被害者自身の声や立場を代弁できるのだろうか。できるとすれば、それはいかなる根拠にもとづいてできるのだろうか。

こうした問題についてわたしが一貫して主張してきたことは、被害者の境遇も思いも多様であり、その主張も変化するのであって、ある元「慰安婦」がある時期に発したことばをもって「被害者の立場はかくかくのもの」と断定してはならない、ということである。これはひとつには、わたし自身が多様な元「慰安婦」と接し、その境遇や思いの多様性をみてきたことによる。と同時に、三〇年以上に及ぶサハリン残留朝鮮人の韓国永住帰還運動や在日韓国・朝鮮人の人権侵害の救済などへの取り組みを通じて、「被害者」もその多くはごく普通の人たちであり、社会にさまざまな人がいるように被害者も多様であり、その思いはしばしば変化する、ということを学んできたからでもある。

「お金の問題ではない」のか

「慰安婦」問題を論じ、報道する多くの学者、NGO、ジャーナリストは、元「慰安婦」の思いは「人間（あるいは女性）としての尊厳の回復であり、お金は問題ではない」という言い方をしてきた。「人間の尊厳の回復」ということは、そういう難しい言い方ができない多くの元「慰安婦」にとって、自分がことばで表現できない思いを代弁してもらうことであり、たしかに多くの被害者の声を代弁するものだったと言ってよいだろう。そのかぎりにおいて、「人間の尊厳の回復」を被害者の共通の願いと考え、それを「慰安婦」問題解決の根本に据えることはまちがっていない。

問題は、「だからお金の問題ではない」と言うべきか、言ってよいか、という点にある。わたしは、言うべきではない、言ってはいけない、と思う。

人が尊厳をもって生きるためには何が必要か。また、何が必要と考えるか。これは答えるのが途方もなく難しい問題である。

ごく一部の人は、お金をもたなくても尊厳をもって生を送ることができる。人間としての尊厳はお金と無関係であると考え、そのように行動することができる。立派な、尊敬できる人たちである。このように考え、行動したごく少数の元「慰安婦」の方々もおそらくいるのだろう。わたしはそれを否定しないし、そうした生き方を尊敬する。

しかし、元「慰安婦」でない大多数の人――わたし自身を含む圧倒的多数の市民――が立派な、勇気ある人間ではないように、元「慰安婦」もその多くはごく普通の人たちである。元「慰安婦」という境遇ゆえに、偏見の目で見られ、病気を抱えながら病院にも行けないような生活を送ってきた人たちである。そうした人たちが、「お金は問題ではない」と考えるだろうか。ごく普通の人なら、「そうは考えないでしょう」と答えるのではないか。実際、アジア女性基金の関係者が一〇年以上接してきたほとんどの元「慰安婦」の方々は、「お金は問題ではない」とは言わなかったのである。

これに対しては、さまざまな反論がなされてきた。「自分が接してきた元『慰安婦』はお金が欲しいなどと言っていない。基金関係者には、お金をもらうため心ならずもそういう言い方をするのであって、彼女らの本心はそうではない」という反論。「基金は、被害者がお金を受け取ってくれないと困るから、彼女らに働きかけて無理矢理お金を受け取らせたのだ」という主張。あるいは、「彼女らがお金が欲しいのは当然であって、基金はそうした被害者の心情につけ込んで被害者と運動の分断をはかったのだ」という非難などである。

過剰な倫理主義の問題性

ここでの問題は二つある。

ひとつは、「基金は、元慰安婦に無理矢理お金を受け取らせた」、あるいは「基金は、被害者と運動の分断をはかった」という主張の真偽である。

アジア女性基金に対して加えられた批判や非難の多くは、基金の理念や実態を曲解した不当なものだった。そのため、基金の関係者は「なにくそ」という思いで一丸となった面があった。それはその通りである。

しかし、アジア女性基金の呼びかけ人、理事、運営審議会委員の多くは、高齢で、たいせつな本務・本業と数々の社会的役割を担っている、多忙きわまりない人々だった。それがボランティアで基金の活動をやってきたのである。いったいだれが、「受け取りたくない被害者」に「無理矢理お金を受け取らせる」ため、あるいは、自分にとってはどうでもよい「運動」に「分裂をもちこむ」ため、一〇年以上ものあいだ自分の残り少ない人生の貴重な時間を無駄にするだろうか。そんなバカなことをする人がいるはずはないのである。

アジア女性基金の事業の結果、被害者のあいだの亀裂が深まったのは事実である。これには基金も責めを負うべきだろう。ただ、被害者はもともと多様であったし、「お金が欲しい」被害者は多数いたのである。そうした被害者の声が、過剰に倫理主義的な支援団体、NGO、メディアによってつくられた世論によって抑圧されていたのである。アジア女性基金の活動は、「お金が欲しい」という彼女らの本心の一面——これはとても大切な一面である——を顕在化させたにすぎない。

「お金の問題ではない」というかたちでの「統一」や「団結」——こうしたことば自体が運動中心的である——なるものは、被害者のまわりで支援運動に携わった人たちの運動(体)中心の発想が生んだイデオロギーである。なによりも大切なのは、被害者一人ひとりのかけがえのない生のはずである。被害者の統一、ましてや運動の統一などといったものは、それに比べれば何物でもない。

アジア女性基金ができずに運動が統一されたままであったら、国家補償を要求する運動はもっと強力であったはずだ。その結果、「被害者が望んでいた」国家補償も責任者処罰も実現できたはずだ。こういう「はずだ」論が、基金を批判する人たちの主張だったようにみえる。実際、そういう議論をわたしも何度も聞かされた。

しかし、アジア女性基金を批判した多くのNGOやメディア、学者の主張には、以下に述べる多くの欠陥があった。おそらく、そうしたみずからの欠陥を是正する姿勢を欠くNGOの硬直的な体質や、テレビや大手新聞にみられた非現実的なタテマエ論が、「慰安婦」問題について一般の人々――その圧倒的多数は「お金は問題でない」といった過剰な倫理観の持ち主ではない――への説得力を削《そ》いだのである。そうした欠陥をもつ主張が「統一され」「巨大なものとなる」可能性はほとんどなかったのではないか。この問題は第5章でさらに検討することにしよう。

もうひとつは、「わたしの知っている被害者はお金など問題にしていない」と言うとき、その被害者とはだれか、という問題である。

お金の問題ではないという生き方を貫いた元「慰安婦」も、ごく少数はいただろう。アジア女性基金からの金など汚い金で、基金関係者の顔など見たくもないが、生活のためと割り切って償いを受け取った元「慰安婦」もいたに違いない。わたしはそれを否定しない。

しかし、アジア女性基金の代表者が首相のお詫びの手紙を読み上げると感極まって涙を流し、償い金、医療福祉支援費のお金を受け取って心から感謝してくれた元「慰安婦」もたしかに存在した。アジア女性基金の償いを「ごまかし」と批判した人々は、そうした被害者があり得ないと主張するのだろうか。だとしたら、それは「自分の被害者」像を唯一の被害者像とする傲慢というものではなかろうか。

「本心」を知ることの難しさ

難しいのは、「被害者の意思」「被害者の本心」とは何か、という問題である。それはある特定の時期の特定の主張で代弁されるものなのだろうか。

わたしはそうではないと思う。

彼女らの「本心」にもさまざまな側面があり、それらはまた変化するものなのだろう。総理のお詫びの手紙を涙を流して受け取り、アジア女性基金の関係者にくりかえしお礼を言った元「慰安婦」がいたことは事実である。だが、その被害者が、基金関係者と別れた後、「慰安所」での生き地獄の日々を思い出して、いまさらこんなものもらったって、と総理のお詫びの手紙を投げつける。こうしたことがあったとしても、それは当然のことではなかろうか。

同様に、ソウルの日本大使館前のデモに出かけ、テレビで撮影されて日本政府批判をまくし立てる元「慰安婦」もたしかに存在する。でも、その人が、帰ってきたあと、痛むひざをさすりながら心を許せるアジア女性基金の理事や事務局員に電話をして、「支援団体がデモに来い来いとしつこくいうもんだから行ったけど、足が痛くて痛くて、もう行きたくないんだよう」と愚痴をこぼす。こうしたことがあったとしても、それもまた当然ではないか。それが、さまざまな矛盾をかかえながら生きていく人間というものだろう。

ソウルの日本大使館前で元「慰安婦」たちが日本の国家賠償を求める「水曜デモ」．この日，500回目を迎えた（2002年３月13日）

人は人生を生きていくうえでいろいろな人に頼り、世話にならなくてはならない。そうした人たちとの関係には、相互に対立し、矛盾する関係もある。これは人生のごくありふれた姿である。頼りにしている複数の人がおり、その両者の関係がよくないとき、わたしたちは双方との関係をよくしようと努めるだろう。年老いた元「慰安婦」が、支援団体と基金関係者にそうした努力を試みたとしても、なんの不思議もない。

これまで「慰安婦」問題についてメディアで描かれ、流布した被害者像は、こうした人間としてあたりまえの、等身大の元「慰安婦」ではなかった。元「慰安婦」は、ひたすら「尊厳の回復」を主張しており、「慰安婦」問題を「お金の問題に矮小《わいしょう》化している」基金はけしからんと言っている。このように聖化され、ヒロイン化された被害者像がメディアを通して人々のイメージを支配したのである。

実は、アジア女性基金を批判する人々やNGOが紹介する元「慰安婦」の姿は、彼（女）らの長年の被害者との交流を反映して、そうした一面的な被害者像ばかりではない。元「慰安婦」の多様性、矛盾を含んだ心の襞《ひだ》は、そうした人々の書いたものにもうかがえないわけではない。ところが、「慰安婦問題の解決」というかたちで論じられると、とたんに聖化され、ヒロイン化された「慰安婦」像が支配的になってしまうのである。

たとえば、韓国の代表的な支援団体である挺対協の指導者の一人である金允玉《キム・ユノク》氏は、アジア女性基金が被害者をカネの問題に矮小化したと主張した（『朝日新聞』二〇〇二年八月二四日）。これに対してわたしは、「カネの問題」は決して矮小な問題ではないという被害者も多数いる、と反論した。そして、こうした方々もまた被害者であり、韓国社会では声を出せない、さらに弱い被害者なのだ、と指摘した（同紙二〇〇二年九月七日）。「慰安婦」問題が社会的にとりあげられるようになって一〇年以上経った時点でなお、韓国のもっとも有力な支援団体の指導者とこういうやりとりをしなければならないのは悲しいことだった。

被害者を抑圧したもの

「尊厳の回復を願って闘う」という聖化された被害者のイメージは、「お金も（あるいは、お金が）欲しいんです」という、ごくあたりまえの、一般の元「慰安婦」を抑圧し、彼女らを生きにくくしてきた。それがわたしの一貫して主張してきたことであり、ここでも強調したいことである。

我と我が身をふりかえれば、「尊厳の回復はしてほしい、でもそれと一緒にお金も欲しい（あるいは、わたしの尊厳の回復にはお金が必要だ）」という願いは当然だ、と一〇人中八、九人の人は思うだろう。それが聖人でもヒロインでもない、ごく普通の人の素直な声のはずである。なぜ、そうしたあたりまえの声が表に出なかったのだろうか。いくつもの理由があるだろうが、ここでは次の点をあげておきたい。

第一に、一九九一年に金学順さんが名乗り出てメディアを賑《にぎ》わしたとき、『慰安婦』は強制されたわけではない。金をもらって身体を売った売春婦だ」という暴言を吐いた政治家や「論客」がいた。そうした主張は韓国でも報道された。元「慰安婦」の多くはだまされて「慰安所」に連れてこられた女性であり、儒教的倫理観の強い韓国社会では「カネで身体を売った」と言われることはこれ以上ない屈辱と感じる人が多い。「慰安婦＝売春婦」論は、自分たちはそうではないという強い反応を引き出し、金のことを口にしてはならないという自己抑制を彼女たちに強いることになった。

歴史学者のなかには、「慰安婦」制度が公娼制度の延長線上にあったという主張をする人もいる。フェミニズムの観点から、「慰安婦は公娼ではなかった」という主張のあり方はまちがっている、という議論もある。ただ、ここではそうした議論の当否を問題にしているのでない。韓国の多くの被害者が現実に右のような反応を示し、それにはそういう反応を強いる政治的・社会的要因があった、という事実を指摘しているのである。

第二に、日本の政府や企業は、責めを問われた行為について、みずからの責任をあいまいにしたまま被害者に「見舞金」を支払うというかたちで問題を処理することがあった。政府関係者の言動を伝えるメディアの担い手も、法的責任とは異なる道義的責任という観念を十分理解しておらず、政府が公式に道義的責任にもとづいて届ける「償い金」を、「見舞金」ということばでしか表現するすべをもたなかった。韓国のメディアは、償い金を「慰労金《ウィログム》」と報道し続けた。「償い」の語感を含まない、「見舞金」や「慰労金」といった、手垢《てあか》のついたことばは、被害者や世論の反発をさらに強めることになった。

第三に、韓国では政府関係者も知識人も、韓国が日本より経済的に弱体であり、そのため対日譲歩を強いられてきたという思いが強い。一九六五年の日韓国交正常化についても、植民地支配を反省しない日本から五億ドルの経済協力を得るため、不満の多い条約を受け入れざるを得なかった、という怨念《おんねん》が残っている。一九九〇年代、豊かになった韓国は、日本に対して「金が欲しい」などと口が裂けても言うべきでない、という思いが指導者のあいだで強く抱かれている。儒教的発想や華夷《かい》主義的発想にもとづく対日道徳的優越感もあって、「金はいらない。名誉の問題なのだ」という態度が韓国社会を支配した。

第四に、韓国でもっとも有力な支援団体である挺対協やそれを支えたキリスト教関係者には、物欲を軽視する、倫理主義的発想の強い人が多かった。こうした人々の献身がなければ「慰安婦」問題はおそらく社会問題化することなく忘れ去られていたのであり、その意味でこうした人々の功績は巨大なものだった。他方において、倫理主義的発想が強く、また韓国社会に一貫して流れる反日ナショナリズムの感情を共有していた人々が「慰安婦」問題で韓国世論をリードし続けたことは、韓国でこの問題を反日色の強い倫理主義で染め上げる結果をもたらした。

挺対協の共同代表の尹貞玉《ユン・チョンオク》氏は、一九九七年一月に七名の元「慰安婦」がアジア女性基金から償いを受け入れたとき、「慰安婦」問題は、民族的自尊心、民族全体の名誉にかかわる問題であると主張し、受け取った被害者たちを「罪を認めない同情金を受け取れば、被害者はみずから志願して赴いた公娼になる」と非難した（朴裕河《パク・ユハ》〈佐藤久訳〉『和解のために』平凡社、二〇〇六年、七八ページ）。「慰安婦」問題で挺対協が韓国社会で有した権威から、また韓国メディアが有していた対日不信の傾向から、こうした声は韓国社会で巨大な影響力をもち、「お金が欲しい（あるいは、お金も欲しい）」ごく普通の被害者への強い抑圧となった。

第五に、「慰安婦」問題のような「正義」にかかわる問題を扱うとき、人はどうしても建て前の議論をしがちである。普段の自分の生活を顧みれば自分自身そんなに道徳的な生活を送っているわけではないのに、どうしても肩を怒らせた、過剰に倫理主義的な議論になりやすい。政府にも過剰な正義を要求し、問題にかかわっている人々にも「背筋を伸ばした」態度を求めがちである。そうした態度は元「慰安婦」にまで及び、彼女らはお金のことを云々《うんぬん》する俗物であってほしくないという被害者の「聖化」が生じることになる。

わたしは一貫して俗人を基準とする倫理、道徳で考えるべきだと主張してきた（大沼『東京裁判、戦争責任、戦後責任』東信堂、二〇〇七年、参照）。それは、社会の多数は自分と同じような俗人であると考えるわたしの目から見ると、差別や戦争責任、戦後補償などにかかわる言説には、不自然で肩肘《かたひじ》張った議論が多すぎると考えてきたからである。「慰安婦」問題にかかわる日韓の主要な言説にも、「ホントにそんな立派な態度で二四時間生きてるんですか」と聞きたくなるような不自然さがつきまとっていた。

第六に、大衆社会で読者に「読まれる」記事を求めるメディアの書き手は、意識的あるいは無意識的に、問題の渦中にヒーロー、ヒロインを求める。「慰安婦」問題という人間の尊厳にかかわる問題を扱ううえで、元「慰安婦」という悲劇のヒロインはお金が欲しいなどという俗っぽいことを言ってはならず、あくまでも人間の尊厳回復にこだわり続ける人でなければならない。メディアにとって幸いなことに、そういう人はたしかに存在する。だとしたら、「お金が欲しい」と小さな声でつぶやく人たちを無視したとしても、積極的にウソを報じたことにはならない。メディアは安心して「ヒロインとしての元慰安婦」に脚光を当て続け、被害者のなかの「お金が欲しい」という声を無視し続けることができた。

最後に、ひとたび「人間の尊厳の回復が問題であって、お金の問題ではない」という声が「被害者の声」として社会を覆ってしまえば、支援者から嫌われず、社会から疎外されずに生きていきたいごく普通の被害者にとって、「お金が欲しい」とは口が裂けても言えなくなる。「お金の問題ではない」、「お金をもらったら再び身を売ることになってしまう」と主張する支援団体の幹部たちは、自分たちのために献身的に働いてくれた「偉い」牧師さん、神父さんであり、大学教授である。彼（女）らに逆らうことなど、できるはずがない。まして、「お金が欲しい」と言ったら民族の裏切り者として社会的な非難を浴びる状況で、ごく普通の被害者はそんなことを口にできるはずがない。

こうして、韓国では「被害者が求めているのは人間（あるいは女性）としての尊厳の回復であって、お金の問題は本質的な問題ではない。お金のことを議論することは卑しむべきことであって、『不道徳な』民間団体であるアジア女性基金から『汚い』お金を受け取ることは韓民族への裏切りである」という雰囲気が社会を覆った。日本でも、多くの支援団体やNGOは「慰安婦問題とは人間の尊厳の問題であって、お金の問題ではない」という主張をくりかえした。多くのメディアは紋切り型にこうした主張を増幅した。

一方で「慰安婦＝売春婦」という「右」からの侮蔑《ぶべつ》的な攻撃にさらされ、他方で「金の問題ではない」と主張する勇気ある元「慰安婦」をモデルとする過剰に倫理主義的な声に押しつぶされたごく普通の被害者たちは、沈黙を守るほかなかった。そして、アジア女性基金に、「償いを受け入れたいけど、それが知られると生きていけない。くれぐれも内密にお金を払い込んでください」と訴えるしかなかったのである。

被害者と全体の観点・利益

右に述べた問題は、「慰安婦問題の解決」とは何かという問題の根源にかかわる。それはまた、被害者の視点に立った要求を一〇〇パーセント叶えることが困難な場合、被害者のまわりにいる人々はどのような行動をとるべきかという、もうひとつの難問にもかかわっている。

「慰安婦」問題の解決とは、個々の被害者の救済や癒し、彼女らへの償いなど、被害者個人の希望や利益の実現を目的とするものなのか。それとも、「慰安婦」制度をつくり運営した軍関係者の処罰なり、そうした制度を生んだ日本社会のあり方の克服を目的とすべきものなのか。仮に後者だとしても、そこで克服すべき制度や心性には、（1）男性優位の社会的な構造や家父長制、（2）天皇制（の心理的受容、制度信仰）、（3）植民地主義的・帝国主義的発想、（4）（日本の）韓国への優越意識（あるいは韓国の日本への劣等感）など、論者によってさまざまなものがある。そのいずれなのか。

この問題は、「慰安婦」問題に限らず、ある苛酷な制度の犠牲者の訴えにかかわる問題を扱ううえで常に問題となる。多くの一般市民からみれば、被害者個々人の思いや利益の実現がたいせつであって、制度や社会意識の解体・克服などの「政治」や「イデオロギー」にかかわる問題を混入させるのはよくない、ということになるだろう。わたしも基本的にそうした立場で問題を考え、行動してきた。とくに「慰安婦」問題ではそうだった。ただ、問題はそれほど簡単ではない、ということもまた指摘しておかなければならない。

たとえば、「慰安婦」問題についていえば、「天皇に謝ってもらいたい」、「慰安所という仕組みをつくった人を犯罪人として罰してもらいたい」というのは、かなり多数の元「慰安婦」の声だった。また、「お金が欲しい」というのは、多くの被害者の公言できない、しかし素直な声だったが、そういう彼女らにも、「お金さえもらえればいい」という人はすくなかった。人により表現はさまざまだし、うまく表現できない人もいたが、多くの被害者が、こんな思いはもうだれにもしてほしくない、「慰安婦」というような存在を生む社会を変えてほしい、という意識をもっていた。

そうした「元慰安婦の希望」を根拠として、女性に対する暴力を容認する構造、心性を変えなければ、問題の解決にはならない、というさまざまな学者やNGOの主張が出てくる。また、被害者の背後には恨みを残して死んでいった無数の被害者がいる、そうした死者の霊も慰めるかたちの償いでなければ、つまり「慰安婦」を生み出した社会構造を変えていかなければ、真の償いにはなりえない、という主張がなされることになる。

わたし自身、戦争責任にかかわる問題について「けじめをつける」という言い方を批判してきた。害を与えた側がけじめをつけたつもりでも、害を受けた側には「そんなけじめは受け付けない」という人は残る。戦争責任とはその意味で「けじめがつく」ような問題ではない。侵略と植民地支配を生んだ日本社会の脱亜入欧信仰を克服しなければ、戦争責任をはたしたことにはならないのである（大沼『東京裁判、戦争責任、戦後責任』参照）。

時間との勝負

ただ、そうした社会構造の変革には長い時間がかかる。しかも、そのような目的の実現は社会の意識が変化する程度の問題でしかない。社会構成員すべての意識が変わることなど、ありえないからである。そうした社会全体にかかわる問題の解決を、目の前にいる被害者個々人の救済の条件とすることは、被害者を社会改革にかかわる自己の主張実現の人質にすることになりかねない。とくに、余生がほとんど残されていない元「慰安婦」やサハリン残留朝鮮人のような高齢者の場合は、被害者が若く、十分時間をかけて社会構造や意識の改革に取り組める場合とは異なる。「時間との勝負」という要素が強く出てくるからである。

一九八〇年代に外国人登録法の指紋押捺《おうなつ》制度が問題となり、わたしもその撤廃を求める運動に従事した。その際、多数の在日韓国・朝鮮人が指紋押捺を拒否し、制度の撤廃を求めてたたかったが、指紋押捺を拒否して起訴された者の多くは若かった。仮に指紋押捺制度の撤廃を求める運動が一〇年かかったとしても、被害者が亡くなってしまうといった取り返しがつかない事態が生じることはまずなかった。

敗戦後サハリンに残された朝鮮人の韓国への永住帰国を求める運動の場合は、事情が違った。わたしが問題に取り組みはじめた一九七五年頃には、多くの被害者はすでに五〇代後半以上に達していた。五年、一〇年、一五年と支援運動を続けても彼（女）らの願いは実現しなかった。韓国への帰国を切望し、死ぬ前に一度でいいから故郷の土を踏みたいとくりかえし語っていた人たちが、一人また一人と恨みを残したままこの世を去っていった。それは、まわりにいる者として、つらい、やりきれないことだった。

一九九九年から二〇〇〇年にかけて、日本政府の予算で韓国の仁川《インチョン》と安山《アンサン》に永住帰国者受け入れ施設がつくられ、永住希望者は待ちに待った故郷への永住帰国をはたした。被害者たちが永住帰還運動をはじめてから四〇年以上の歳月が流れていた。わたしも開所式に招かれたが、そのときわたしが感じたのは、長年の努力が実ったという達成感とともに、「運動の過程で死んだ人たちは、とうとうここに入れなかったのだ」という挫折感だった。

サハリン残留朝鮮人の永住帰還運動は、日本政府の予算による韓国への永住帰国という被害者の願いが実現したという意味では成功した運動だった。しかしそれは、実現まであまりに長い時間がかかり、多数の被害者が問題解決の恩恵に与れなかったという意味では失敗した運動でもあったのである（大沼保昭『サハリン棄民』中公新書、一九九二年、とくに「あとがき」参照）。

元「慰安婦」にも同じことが言えるのではないか。

「慰安婦」問題について、わたしたちは目の前の生身の被害者だけを考えるべきでなく、彼女らの背後にある、恨みをのんで死んでいった死者の安らかな眠りを考えて行動すべきだと説かれることがあった（高橋哲哉『戦後責任論』講談社、一九九九年、一八八～一九八ページなど参照）。天皇が謝罪もせず、「慰安婦」制度の責任者の処罰も行われない解決、日本政府に法的責任を認めさせない解決は、解決の名に値しないとも主張された。こうした考えに立って被害者を支援した人たちは、特別立法を実現して（あるいは、裁判で勝訴して）日本政府に法的責任を認めさせると言い続け、被害者がアジア女性基金による償いを受け入れることに強く反対してきた。

しかし、こうした目標は元「慰安婦」らが生きているあいだにはとうてい達成できないものだった。こうして、「慰安婦」問題が社会化した一九九一年以来この一五年のあいだに、多くの被害者が恨みを残したまま次々に亡くなっていったのである。

アジア女性基金による償いの結果

一九九五年にアジア女性基金を設立することを決意した呼びかけ人たちがなによりも怖れたのは、こうした事態だった。「日本全体をくれるとしても、わたしたちが死んだ後であれば、なんの意味があるのか」という被害者の声に応えなければならない。これこそ、呼びかけ人が各自の思想信条の大きな違いを乗り越えて結集し、基金による償いに全力を傾けた理由だった。

こうした気持ちを基にした基金による償いは、日本国民からの拠金、日本政府、日本や被害者の国のＮＧＯなどの協力を得て、各国・地域により細部に違いはあったものの、三六四名の被害者のもとに総理のお詫びの手紙、償い金（一律二〇〇万円。ただし、オランダを除く）、医療福祉支援費（フィリピンでは一二〇万円、韓国、台湾、オランダでは三〇〇万円）を届けることができた。フィリピン、韓国、台湾、オランダで認定された被害者は約七〇〇名であり、約半数が基金による償いを受け取ったことになる。

アジア女性基金は、オランダ（七九名）を除いて、償いを受け取った元「慰安婦」の国別人数をあきらかにしていない。本来、五億七〇〇〇万円もの拠金を預かり、被害者に届けた基金としては、各国別の数字はあきらかにすべきであり、基金内でもその議論はくりかえしなされた。しかし、韓国、台湾の有力な支援団体が基金の償い事業を認めておらず、各国別に償いを受け取った人数をあきらかにすると、これらの団体などによる「裏切り者捜し」がはじまり、被害者がこれまで以上に心理的につらい状況におかれる可能性がある。そうした事態を避けるため、基金は被害者が生存している解散時には各国別の償い受け取り人数を公表しないことにした。

個々の被害者へ償いを実施するなかで、アジア女性基金の理事、運営審議会委員、事務局員は、数名から数十名規模の被害者に接触し、彼女らの話に耳をかたむけ、相談に乗り、助言を与えてきた。とくに数十回にわたって被害者を訪れた事務局員たちは、被害者から日本の旧軍人や政府、自分たちの政府や社会への恨みと憤り、病気や生活についての悲しみや愚痴を聞き、ともに憤り、涙を流し、笑い、歌い、励ました。大鷹（山口）淑子理事は、被害者と電話を通してではあるが、長い期間にわたって悩みや愚痴を聞き、励まし、ともに悲しみ、喜ぶという濃密な人間同士の関係を取り結んだ。こうした小さな一コマ一コマの積み重ねも、公式の償い事業にともなって基金のメンバーが行ってきた個々の被害者とのふれあいとして、重要な意味をもっていた。

このほかにアジア女性基金は、「慰安婦」問題を歴史の教訓とするための資料の収集、関連書・資料の出版、シンポジウムの開催などによる知識・情報の提供と広報・啓発活動も行ってきた。こうした地道な活動は、吉見義明中央大学教授など、アジア女性基金に批判的な学者などからも一定の評価を受けている。

さらにアジア女性基金は、ドメスティック・バイオレンス（家庭内暴力）や武力紛争時における女性の人権侵害など、今日さまざまなかたちで存在する女性に対する暴力の問題をシンポジウム、研究会、講演会などでとりあげた。同時に、こうした問題に取り組んでいるボランティア活動を助成した。これらの問題は「慰安婦」問題と同根の性格をもつものであり、問題の解決に向けて努力することが被害者への慰藉となり、現代と将来の世代への教育的な意味をもつという考えにもとづくものであった。

どれだけ限界があり、ときに逆効果をもたらし、問題を生んだとしても、一二年にわたる基金のこうした活動が三五〇名を超える被害者を支え、癒し、病気がちで高齢の彼女らが精神的・物質的にすこしでもましな生活を送るうえで役立ったことはたしかである。また、地道な活動であったとはいえ、「慰安婦」制度と相通じる今日の女性への暴力の問題に取り組み、「慰安婦」問題の教訓を将来の世代に伝えようとした活動にはそれなりの意義があった。

そうした成果を全面的に否定することは、日本人であれ韓国人であれ、どの国の人であれ、女であれ男であれ、正しくない。わたしはそう思う。

第4章 アジア女性基金と日本政府の問題性

I　アジア女性基金の失敗

広報の拙劣さ

アジア女性基金は一二年間にわたって、「慰安婦」制度の犠牲者への償いという、日本の政府と国民がはたすべき責任をはたしてきた。そのことは正当に評価されなければならない。わたしは基金の一員ではあるが、同時に一二年にわたって「慰安婦」問題に身近にかかわり、被害者の境遇と思い、日韓両国政府の対応、NGO、メディアの対応を含む問題のさまざまな側面を観察し、研究してきた現代史の目撃者でもある。そうした一人の観察者・目撃者として、わたしはそう考えてきた。

他方において、基金はその発足以来、多くの過ちを犯した。サハリン残留朝鮮人永住帰還運動や指紋押捺撤廃運動など、さまざまな市民運動に三〇年以上かかわり、それぞれ達成感と挫折感を感じてきたわたしのような人間にとっても、アジア女性基金の一二年間は、数え切れない徒労感と悔いに満ちた歳月だった。それをあきらかにすることは、被害者、基金を通して六億円近い拠金や償いの手紙のかたちで償いに参加・協力してくれた方々、さらに失敗を教訓とすべき未来の世代への責任だろう。

第一にあげるべきアジア女性基金の問題点は、基金の理念と被害者の実像を伝える広報活動の致命的な弱さである。一九九五年に村山内閣がアジア女性基金を発足させたとき、基金は、被害者、NGO、メディアなどに対して、日本政府が道義的責任を明確に認めており、被害者の高齢という事情を考え、実現可能性の低い法的責任の追及とは別に、国家を構成する政府と国民の共同の償いというかたちで被害者へのお詫びとその救済を進めるというアジア女性基金の理念と考えを丁寧に、くりかえし説明すべきであった。しかし、こうした努力は、日本政府にあっても、またアジア女性基金にあっても、まったく不十分なものに終わった。

国家補償論者のアジア女性基金批判の大きな論拠は、特別立法や政府の法的責任を認めさせるために力を尽くすことなく「国民の償い」に走ったことは拙速であり、政府の幕引き戦略に乗っかったのだ、というものであった。「もうすこし時間があればできたのに」――この思いが批判者の怒りの大きな部分を占めていた。その怒りはメディアによって増幅され、基金への巨大な批判、非難となっていった。

村山政権のごく近くで官僚機構との綱引きを目の前で見ており、歴史認識問題での自民党内の右派的体質をつぶさに観察してきた者として、わたしを含む呼びかけ人はすべて、こうした批判者の政治状況認識が誤りであることに確信をもっていた。もうすこし時間をかけても、できないものは、できない。政権の身近にいて、政党間の力関係、右のような主張に賛同する政府関係者と反対する関係者の政治力学を目の当たりにしていた者として、それは否定しようがない現実だった。

しかし、政権内のぎりぎりの折衝や、日本が遂行した一五年戦争の侵略性を認めようとしない自民党多数派の歴史観の根深さ、「慰安婦」問題で謝罪することへの反発の強さは、一般の市民には見えない。多くのＮＧＯや学者にもほとんど見えない。こうして、国家補償派の学者やＮＧＯは、「もうすこし時間があれば」といった希望的観測にもとづく批判を基金に浴びせ、実現の見込みのない目的を掲げて突き進んだのである。

なればこそ、アジア女性基金は、全国的規模で講演、テレビ出演、主要紙への投稿などを通じて基金の正当な理念と現状の厳しさを伝え、一人でも多くの理解者を得るべきだ。同時に、外国人記者団との懇談を行い、アジア女性基金の呼びかけ文の韓国語訳、英訳などを韓国や欧米の主要紙に掲載すべきだ。このようにわたしは基金内で説いた。三木睦子氏もこうした意見をもち、しばしばそう語っていた。

人材は豊富だったが

実際、アジア女性基金はそうした説明ができる人材を豊富に抱えていた。呼びかけ人のなかで、元文相の赤松良子、元参議院議員の大鷹（山口）淑子（元女優の李香蘭）、元首相夫人で日本を代表する女性指導者の一人の三木睦子、コーディネーターの加藤タキ、元朝日新聞記者の下村満子、元NHKアナウンサーの鈴木健二といった顔ぶれは、一九九五年当時きわめて知名度の高い人たちだった。

さらに、鶴見俊輔氏は一貫してリベラル、左翼に人気のある思想家であった。芦田《あしだ》甚之助《じんのすけ》氏は労働組合の全国組織たる連合の会長、和田春樹氏は韓国民主化運動と連帯した指導的な学者・市民運動家だった。須之部量三《すのべりょうぞう》氏は歴代駐韓国日本大使でもっとも韓国民に信頼された外交官であり、岡本行夫氏はメディアで健筆をふるう、これまた著名な元外交官だった。衛藤瀋吉氏は右派の重鎮、大沼は戦後責任や在日韓国・朝鮮人問題の市民運動にかかわってきた学者だった。

このようにみれば、女性、左派・リベラル、右派、労働界、官界、ジャーナリズム界、市民運動など、財界と芸術・芸能・スポーツ界を除けば、広範な人々に働きかけることのできる顔ぶれはそろっていたのである。

しかし、それは機能しなかった。呼びかけ人や運営審議会委員による各地での講演会は実現したものの、継続性も広がりもない不十分なものに終わった。呼びかけ文の韓国紙への掲載をはじめ、多くの広報・対話の提案は、「総論賛成、各論反対」のかたちで実現されないか、実現されても小規模で単発的なものに終わった。

たとえば、講演会は、一九九五年一二月に三木睦子、大鷹（山口）淑子、大沼が山形（大沼の地元）で開いたのを皮切りに、大阪、旭川（五十嵐官房長官の地元）、東京、大分（村山首相の地元）など、大都市や基金の主要な関係者の地元で開かれた。そうした講演会は、それなりの広報・募金効果をもったものの、かぎられた、散発的なものに終わった。呼びかけ人、理事、運営審議会委員と内外の記者との懇談も、組織化されることなく単発的なものに終わった。チャリティ・コンサートを開いて広報・募金の一環とする案も検討したが、見送られた。

メディア戦略の失敗

アジア女性基金の広報における最大の失敗のひとつは、呼びかけ人から国民への呼びかけ文を広報に十分活用できなかったことである。呼びかけ文については、政府の担当者は当初、自分たちが呼びかけ文の原案をつくるつもりだった。わたしは、官僚の書いた作文が国民の心に届くはずがない、呼びかけ人が最初から起草の主体となるべきだと強く主張した。最後は政府側も折れ、わたしが原案を起草し、呼びかけ人全員が検討し、全員一致で確定した。

それは、呼びかけ人たちが一字一句にいたるまで検討し、心血注いで書き上げたもので、アジア女性基金の憲法ともいうべきものだった。

被害者がいる諸国で、「わたしたちはこの呼びかけの理念のもとに『慰安婦』問題に取り組んでいます。それは、日本の政府と国民の気持ちです」と訴えるなら、必ずや理解者が現れるだろう。反対派から批判を受けたら、受けて立って対話と討論を重ねればよい。これまではメディアを通じて広められた誤った先入観にもとづくアジア女性基金批判が横行しているのだから、対話を重ね、それをメディアに報じてもらえれば、必ず理解者は増える。そうわたしは考えて、基金内で説き続けた。

しかし、呼びかけ文の韓国語訳、英訳などを韓国、米国などの新聞に掲載し、アジア女性基金の理念と思いを訴え、これらの国々の被害者や世論に働きかけるという案はほとんど実現しなかった。基金、とくに初期の理事会は、そうした「目立つ」路線にはきわめて消極的だった。政府も一貫してそうした積極路線には抵抗した。アジア女性基金の運営審議委員会の委員長を務めた高崎氏は、大沼保昭・岸俊光編『「慰安婦」問題という問い』（勁草書房、二〇〇七年）で、アジア女性基金がまとめた「慰安婦」問題関係資料の大量配布に日本政府がいかに消極的だったかを具体的に語っている（同書第八章）。

アジア女性基金が韓国の新聞に意見広告を出す案や、基金の資料を韓国語訳して大量に配布する案などは、基金の言動が社会的な注目を集めて広報が有効な基金発足直後の段階ではまったく実施されなかった。基金内で積極路線の支持者が増えた後半期にも、予算の制約などのためこうした広報活動は十分展開できなかった。くりかえし広報活動の重要性を訴え、さまざまな提案を行ったわたしも、基金活動の後半には気持ちも萎《な》えてしまい、積極的な提案や行動を控えるようになった。

このほかにも、（1）メディアを通じて大きく報道してもらう予定だった首相ほか閣僚からのアジア女性基金への拠金を、政府の役人が報道陣も招待せずに勝手にやってしまい、絶好の広報・宣伝の機会を逃したこと、（2）韓国でアジア女性基金の主張を伝える出版物を配布する計画への予算がつかなかったこと、（3）アジア女性基金を批判する論者やNGOとの対話集会案への抵抗が大きかったこと、などにみられるように、基金の理念を訴え、広め、理解してもらうという活動は、ほとんど実現されなかった。二〇〇五年にアジア女性基金は朝日新聞社の後援を得て大規模な国際シンポジウムを開催し、大きな広報効果をもったが、これは償い事業がほぼ終了してから行われたことだった。

こうしてアジア女性基金は、「メディア戦争」において、「日本政府が法的責任を免れるための隠れ蓑」という発足時の負のイメージを最後まで払拭することができなかったのである。

メディア戦争での敗北の理由

なぜこういう結果になったのだろうか。日本の国民と政府による被害者への償いというアジア女性基金の理念とその活動が、韓国のみならず、日本でもほかの国々でも理解を得ることができなかったことには、広報活動への日本政府の消極姿勢、日本のNGOの硬直した姿勢とメディアの思い込みにもとづく報道、韓国のメディアの過剰な対日不信感など、さまざまな原因が考えられる。これらの要因はあとで検討することにして、ここではアジア女性基金の側の問題性に絞って問題を考えてみよう。

第一に、日本政府の官僚に代表される「公」の問題にかかわる人に共通する、論争・対話・広報・宣伝活動への消極姿勢があげられる。日本で「公」に携わる「真面目な」人たちには、やること、中身が重要であるという考えが強く、それをどう受け取ってもらえるかという面への意識が弱い。また、政策の中身について反対者と議論したり、宣伝したり、広報したりすることには、漠たる消極姿勢がある。基金の償いにもそうした傾向がみられた。政府の側には、下手に償い・補償の理念論争などに巻き込まれたら収拾がつかなくなる、アジア女性基金は淡々と償い事業を進めればよい、という考えが一貫して強かった。

第二に、この第一の傾向はアジア女性基金が行うべき優先順位の観点からさらに助長された。基金はまずなによりも、（1）国民からの拠金を募り、できるだけ被害者に満足していただける額を確保しなければならず、(2)償いを受け取っていただく被害者を特定し、実際に彼女らの手元に届ける仕組みを被害者のいる国で確保しなければならなかった。

この二つが最優先問題とされたのは当然ではある。ただ、そこから、アジア女性基金の理念を発信して被害者の支援団体やNGOの理解を得る広報・対話活動が二の次、三の次にされる傾向が生じた。初代副理事長だった有馬氏は基金の広報担当責任者だったが、フィリピン担当理事としてフィリピンでの償いの実施に力と時間をとられ、広報活動ではほとんど成果をあげることができなかった。広報の必要をもっとも強調したわたしも、同氏への気兼ね・遠慮もあり、十分な活動ができなかった。

第三に、アジア女性基金が全国民的な声を代表する組織だったことに由来する意見の多様性と、それによる意思決定の困難という問題があった。基金は、『世界』など「左」のメディアを意見表明の主要な場とする和田春樹氏から、「右」の『産経新聞』や『諸君!』などをそうした場とする衛藤瀋吉氏まで、元外務官僚から市民運動で指導的役割を担ってきた者まで、多様な意見の持ち主を包含していた。そうした多様性をまとめてアジア女性基金という団体の意思決定とするには厖大な時間とエネルギーを必要とした。

このようにアジア女性基金の関係者の意見は多様だったのに加え、主だった呼びかけ人や理事には、「本来は政府の手による国家補償が望ましいが、それが力関係から不可能なのでやむを得ず民間の基金で償い事業を行う」という考えの人が多かった。わたしのように、基金と政府による償いを国民参加の国家総体の償いとして積極的に意義づける考えは、基金内でも少数だった。このことも積極的な広報活動への消極姿勢の一因だったと思われる。

最後に、右の多様性は、アジア女性基金の指導部のリーダーシップ、さらに政府と基金との協働により、あるいは克服できたかもしれない。それは二番目にあげた優先順位についても妥当する。募金と被害者への償いの伝達が二大優先事項だったとはいえ、基金が抱えていた豊富な人材からすれば、この二つの優先事項を遂行しながら効果的な広報・対話活動を行うことは十分可能だったはずである。それが基金にはできなかった。それは、基金がその組織に重大な問題を抱えており、それを最後まで克服することができなかったからである。

組織としての問題性

アジア女性基金は、日本政府が日本国の責任をはたすためにつくった組織であるにもかかわらず、制度的には一財団法人とされた。その認可も、一般の財団法人に比べれば迅速に行われたとはいえ、おそろしく時間がかかった。アジア女性基金が財団法人として活動を開始したのは一九九五年一一月、大口の寄付集めに効果がある寄付金への税の免除措置が決まったのは一二月二五日のことである。八月一五日の大規模な新聞広告から四ヵ月以上経ってしまっていた。

政府は、「慰安婦」問題の解決のために国民とともに力を合わせ、アジア女性基金を支援するという閣議決定まで行ったが、こうした遅れにもみられるように、基金とともにはたらくという姿勢は不十分だった。政治家を二四年間つとめ、頑健そのものだった原理事長も心労のため一九九五年一〇月に入院し、アジア女性基金は発足後たちまち危機に陥った。幸い、原理事長の回復が奇跡的に早く、この危機はなんとか乗り切った。

これについては示唆的なエピソードがある。アジア女性基金発足の際の内閣の事務方の責任者だった古川貞二郎官房副長官によれば、一九九五年七月に発足したアジア女性基金が一二月に財団法人化されたのは、異例の早さだったというのである(『アジア女性基金ニュース』二三号、二〇〇四年三月二二日)。古川氏は基金の設立に真摯《しんし》に取り組んだ方だった。だが、基金設立時の呼びかけに応える国民の熱気が冷めないうちに一刻も早く基金を財団化して寄付金への税の免除措置を、と日々焦燥を募らせていた者としては、基金の財団化が異例の早さだったという政府のあり方にはほとんど絶望を感じたということはここに記しておきたい。将来の教訓にして欲しいと切に願う。

このほかにもアジア女性基金の組織には多くの問題があった。基金発足後の理事と運営審議会委員の顔ぶれと事務局の構成について、主要な呼びかけ人が相談し合い、さらに政府と協議する機会はなかった。政府、具体的には外務省、外政審議室と、社会党、有力労組（自治労）との話し合いでほとんどの顔ぶれが決められた。原理事長は、理事、事務局の構成には関与することなく、主要な呼びかけ人と話し合う機会もほとんどなかった。このことは基金の初期の迅速な活動を阻害する大きな要因となった。

関係者たちの温度差

三木睦子、下村満子、大鷹（山口）淑子、衛藤瀋吉、和田春樹、大沼など、アジア女性基金の主要な呼びかけ人は、「慰安婦」問題の解決に強い意欲をもっていた。政府に対して厳しい内容をもつ呼びかけ文の原案をわたしが起草したときも、呼びかけ人のあいだには異論はほとんどなかった。「左」「右」の幅の大きさにもかかわらず、元「慰安婦」への呼びかけ人の思いは強く、結束も強かった。

しかし、政府はそうした強い思いをもつ呼びかけ人たちを基金の理事候補と考えていなかった。個性が強く、国民への呼びかけには影響力があるが、政府として扱いにくい呼びかけ人は理事から切り離し、発足した基金の運営は政府主導で進めたい、というのが政府担当者の思惑だったのかもしれない。主に政府と社会党、自治労から選ばれた基金発足時の理事は、「慰安婦」問題への関心も乏しい人も多く、基金の運営に汗をかくという覚悟をもつ人はすくなかった。呼びかけ人から理事になったのは、呼びかけ人からも理事を出すべきという呼びかけ人側の考えにもとづいて理事会に送り込まれた下村満子氏だけだった。「慰安婦」制度の犠牲者への思いにおいて、呼びかけ人と初期の理事会とのあいだには、あきらかに温度差があった。「鉄は熱いうちに打て」はこの種の事業を行う際の鉄則であり、国民やメディアの関心が高いあいだに効果的な広報・対話活動を行い、被害者、支援団体、国内・国際世論へのメッセージとすることには、理事たちや日本政府の担当者にも異論はなかった。ただ、その切迫感には、呼びかけ人とのあいだに大きな違いがあった。

発足当初、理事会はまったく主体的に動かず、呼びかけ人と、呼びかけ人と同じく「慰安婦」問題の緊急性を熟知している運営審議会委員のあいだには危機感が募った。このため、呼びかけ人が理事たちに働きかけて運営審議会委員を含む三者合同会議を開くこととし、この合同会議でアジア女性基金の方針の決定、運営を行った。

しかしまもなく、理事会内部から理事会中心の運営を望む声が出て、合同会議ではなく理事会中心の運営が行われるようになった。こうして、主要な呼びかけ人（大鷹、衛藤、和田、大沼など）が理事となって理事会をリードするようになる一九九九年頃までのアジア女性基金の運営には、理事会と呼びかけ人（さらに、呼びかけ人と同じく「慰安婦」問題への強い気持ちをもっていた運営審議会委員たち）とのあいだに常にギャップがつきまとった。

初期から中期にかけての事務局の幹部の構成も、アジア女性基金の効果的な活動を阻害した大きな要因だった。事務局は、外務省から「天下った」事務局長の下、実務能力に乏しい前社会党の事務局員や、基金事務局の一員という意識の乏しいNGO活動家などを含む寄り合い所帯だった。外務省から派遣された初代・二代目の事務局長は、こうした多様な事務局員を統率する力も意欲もなかった。こうして、理事会の審議、決定とその実行はしばしば混乱し、理事会決定が事務局レベルで無視されることさえあった。

三木睦子氏は、アジア女性基金発足時に政府が約束した総理のお詫びの手紙について橋本総理が消極的であるとして呼びかけ人を辞任したが、そのときの『週刊朝日』のインタビューで、自分はどこにでも行く気があったのに基金の事務局がわたしを十分使わなかった、と語っている（『週刊朝日』四一三八号、一九九六年、四二〜四四ページ）。まさにその通りで、アジア女性基金は社会的に大きな関心を寄せられて、効果的な広報活動を行うことができた設立直後の段階で、三木睦子、鶴見俊輔、大鷹（山口）淑子、鈴木健二、下村満子といった国民的キャラクターを活用することができず、その後も事態は変わらなかった。国民にアピールする力をもった魅力的な人材は、結局宝の持ち腐れに終わったのである。

事務局の若手、中堅の能力と献身も大きなものだったが、事務局長以下の幹部は彼（女）らの意見や能力を活用することができなかった。国民的影響力のある呼びかけ人が宝の持ち腐れに終わったように、事務局の若手・中堅の才能と献身も十分実を結ばなかった。

原理事長のリーダーシップ

なぜそうした組織の問題が解決されずに終わったのか。さまざまな理由が考えられるが、最大のものは原文兵衛理事長のリーダーシップを補完するしっかりした体制を構築できなかった政府・アジア女性基金関係者全体の不作為だろう。わたしにもその不作為について大きな責任があり、「慰安婦」問題への取り組みを通してもっとも悔いが残る点である。

原理事長は、右から左までを包含し、くせの強い呼びかけ人、理事、運営審議会委員、事務局員をたばねる最高の指揮者であった。どれほど基金内部の対立が激しくても、高齢にもかかわらず真夜中までじっと黙って議論を聞いている、自己犠牲の化身のような原理事長があればこそ、基金は内部対立で崩壊することなく、政府に対しても存在感をもって、活動を続けることができた。三五〇名を超える元「慰安婦」に償いを実施することができたのは、この原理事長の存在あればこそ、であった。この点に疑問の余地はない。

ただ、原理事長は、みずから率先して行動するタイプの指導者ではなかった。原氏の強みは、そのかたわらに企画立案に優れ、行動力のある有能な政治家をおき、みずからの人間的魅力・誠実さと長年の自民党有力政治家として培《つちか》った政治的資源によってそうした有能な者

元「慰安婦」たちの要請を聞く原文兵衛理事長（1996年5月26日）

の行動を支え、それを実現するうえでの「重し」となる点にあった。

わたしが一九七五年から二〇〇〇年まで力を注いだサハリン残留朝鮮人の韓国永住帰還運動の場合、日本政府の予算によって永住帰還を実現することができた。それは、原議員がサハリン残留韓国・朝鮮人問題議員懇談会の会長、五十嵐広三議員が事務局長という組み合わせが理想的に働いたためだった。人柄の点でだれもが心服する原会長と、企画立案能力と行動力抜群の五十嵐事務局長の組み合わせは、これ以上ないコンビだった。

アジア女性基金にはそれが欠けていた。

五十嵐広三氏の不在

アジア女性基金発足の直後の一九九五年八

月に第二次村山内閣が成立し、官房長官は、基金の生みの親である五十嵐議員から、戦後補償問題へのかかわりの薄い野坂浩賢《のさかこうけん》議員に代わった。翌九六年一月には多数与党の橋本龍太郎自民党総裁を総理とする内閣が成立し、五十嵐氏はまもなく政界から退いた。続く一〇月の総選挙で戦後補償に積極的だった社会党は惨敗した。これは「慰安婦」問題の望ましい解決には逆風ではあったが、他方、五十嵐氏が政界から引退したことで、かえって自由な立場からアジア女性基金に協力してもらえるチャンスでもあった。

わたしは、原理事長に、五十嵐氏に理事長代行、副理事長、特別顧問などのポストについてもらう可能性について何度か進言したものの、原氏は五十嵐氏に対して具体的な働きかけは行わなかった。原理事長がなぜ五十嵐氏に積極的に働きかけなかったのか、わからない。原氏のかたわらにいたわたしは、原理事長に何度か働きかけたものの、五十嵐氏が地元の北海道で長年の同志・親友だった小説家の三浦綾子さんの記念館の設立と運営などに力を注いでいることを知り、原理事長にそれ以上強く迫ることはなかった。おそらくわたしが犯したもっとも大きな誤りであり、責めを負うべき怠慢であった。

結局、五十嵐氏は官房長官辞任後、アジア女性基金に具体的なかたちでかかわることはなかった。アジア女性基金は、五十嵐広三という、基金の生みの親であり、「慰安婦」問題解決への熱意の点でも、前官房長官という政治的背景・力量の点でも、このうえない人材を取り込むことのないまま、一二年にわたる活動を行わなければならなかったのである。

アジア女性基金は、基金への逆風が吹き荒れている一九九五年に出帆し、国内の批判的なメディア、韓国の反日ナショナリズム、世界的なフェミニズム運動の激流のなかで、「戦争責任をはたさない日本」というイメージのシンボルと化した「慰安婦」問題の解決にあたらなければならなかった。そのアジア女性基金にとって、五十嵐氏ほど有能で人間的魅力のある政治家が原理事長を支えたところで、その後の展開が厳しいものだったことは疑いない。

ただ、五十嵐氏が理事長代行なり副理事長として原理事長を助け、アジア女性基金の実務を統括し、原＝五十嵐のコンビで日本政府に対峙し、鶴見俊輔、三木睦子、大鷹（山口）淑子氏などと並んで基金の広報・宣伝を担っていたら、基金のその後の一二年はもうすこし違ったものとなっていたのではないか。「慰安婦」問題の解決ももうすこし満足度の高いものになっていたのではないか。その思いをわたしは一生拭《ぬぐ》うことができないだろう。

アジア女性基金で原、五十嵐両氏ともっとも親しかった者として、両氏にもっと強く迫ってなんとしても原＝五十嵐体制をつくっていただくべきだった。基金での一二年間を通して、もっとも悔いが残る点である。

Ⅱ　日本政府の対応と政策

政策としての評価

「慰安婦」問題には、さまざまな視点から、さまざまな捉え方がある。「慰安婦」問題を日本政府が取り組むべき政治問題として捉えるのも、ひとつの重要な捉え方である。しかし、冒頭で述べたとおり、本書のテーマは、「慰安婦」問題を通して、NGOとメディアという、社会問題の解決に大きな影響力をもつ公共的主体の役割を日本の市民・国民がどのように考えるべきか、という問題である。それゆえ、政府の対応は本書が全面的に論ずべき問題ではない。ただ、右の課題との関連で、最低限以下の点にだけふれておきたい。

まず、根本的な問題として、アジア女性基金の設立とそれを通しての償いというかたちで「慰安婦」問題への「回答」を出すというのは、日本政府として賢明な政策だったのだろうか、という問いがありうる。アジア女性基金による償いというのは、日本政府の戦略的・戦術的な観点から見た場合誤った政策であって、他の選択肢をとるべきだったのか。そもそも、そこで日本政府の政策の観点といった場合、それは具体的にどのようなものなのか。

「慰安婦」問題に関する日本政府の基本的な考え方は、「戦争と植民地支配に関する賠償問題は条約で解決済み」というこれまでの政府の方針について「慰安婦」問題で例外を認めるとほかのあらゆる戦後補償問題に波及しかねない、そうした「パンドラの箱」を開けるのは愚かなことであり箱は閉めたままにしておくべきだ、というものであった。しかし、そうした考え方は、日本政府にとって、そして日本国民にとって、ほんとうに賢明なものだったのだろうか。

アジア女性基金による償いという政策は誤りであり、愚かな政策だ、という批判、非難は、「右」からも「左」からも浴びせられた。仮に批判者の言うように、アジア女性基金による償いという日本政府の「回答」が愚かなものだったとすると、それではほかにどういう選択肢があったのだろうか。

国家補償論についてはのちに検討するとして、わたしを含む何人かが主張し、村山内閣でも村山首相、河野副総理兼外相、武村蔵相、五十嵐官房長官がくりかえし議論した、政府と国民が半分ずつ拠金する大規模な包括的補償基金案は、ほんとうに政策として賢明なものでなかったのだろうか。逆に、宮沢内閣であきらかにした「慰安婦」問題に取り組むという約束を反故《ほご》にして、アジア女性基金もつくらず、ひたすら無為を決め込んで「嵐が過ぎるのを待つ」のが賢明な政策だったのだろうか。

前者については、わたしはいまでも政府が明確なかたちで半額を拠金する大規模な補償基金をつくるべきだったと考えるが、その議論はここでは蒸し返さない。他方、アジア女性基金もつくらず、何もしないで「嵐が過ぎるのを待つ」政策は、アジア女性基金による償いに必要とされた政府の出費を抑える——これは秦郁彦氏がくりかえし主張してきたことである——という意味では「成功」したかもしれない。しかし、そうした政策によって日本が招く不信感、国際社会における日本のイメージの悪化、信頼感の喪失は重大なものだったろう。

それに比べれば、いくつかのマイナス面はあったにせよ、アジア女性基金による償いは国際社会における日本の評判の下落を防ぎ止めるのにはるかに貢献した政策だった。米国の議会で「慰安婦」問題に関する対日非難決議案が論議されたり、韓国や中国で日本を批判する動きが出たとき、日本政府が、日本は個々の元「慰安婦」に総理のお詫びの手紙を送り、金銭的な償いも行ってきたと主張できるのは、アジア女性基金の一二年間の働きがあればこそである。このことの意義を過小評価してはならない。アジア女性基金の予算は、年間平均すれば約三億円という、国家予算としてはごく慎《つつ》ましいものだった。基金が成し遂げた成果を考えるなら、基金による償いは費用対効果の観点からみても十分効果的なものであったといえるのではなかろうか。

もっとも、政府から支出されるアジア女性基金の予算の多くは、元「慰安婦」への償いよりもドメスティック・バイオレンスなど、今日的な女性問題への取り組みに使われた。償いのための広報や、「慰安婦」問題を歴史の教訓として後世に残すための研究関係の予算は、きわめて限られていた。この点は政府の予算の配分として大きな問題の残る点だった。

基金設立後の政策の問題性

仮に、一九九五年の時点でアジア女性基金を設立して問題の解決にあたるという選択が比較的望ましい政策であったとするなら、その後の日本政府の「慰安婦」問題への対応は、そうした九五年の選択を十分意味あるものとするものだったろうか。

これに対しては、日本と韓国の両政府とも、問題の解決を基金と挺対協をはじめとするNGOに委ねてしまい、本来みずからの責任で解決すべき任務を放棄し、政府としての責任をはたさなかった、という批判がある。多様な思想的立場から距離をおいて「慰安婦」問題を実証的に研究してきたサンフランシスコ市立大学のサラ・ソー教授の意見は、そうした批判の代表である。国連の人権小委員会や韓国の知識人のなかにも、アジア女性基金はよくやっているが、日本政府は基金の後ろに隠れて出てこない、という趣旨の批判が多かった。

実際にアジア女性基金の一員として「慰安婦」問題の解決にかかわった者として、こうした批判には深い共感をおぼえる。たとえば、和田理事、高崎運営審議会委員とわたしは、韓国での状況を打開するため韓国の挺対協と交渉を試みたが、両国政府の姿勢は硬く、従来の立場から一ミリも動こうとせず、このため基金が挺対協と接触を重ねても合意に達することはできなかった。政府がまったく動こうとしないのでは、いくらNGO同士が交渉しても問題の解決はできない。これはわたし自身が味わった苦い経験である。

このほかにも、日本政府の姿勢には多くの問題点があった。たとえば、日本政府は、アジア女性基金に外務省OBを初代・二代事務局長として送り込み、理事にも外務省の大使経験者を送り込んだ。しかし、これらの人々は、とうてい日本の国際的名声がかかわっている「慰安婦」問題という重大な問題に日本政府が本気で取り組んでいるという構えを示す有能な人材ではなかった。実務の責任者である外政審議室長と外務省のアジア局長にしても、初代の谷野外政審議室長（のちの駐中国大使）と加藤良三《りょうぞう》アジア局長（のちの駐米大使）は真摯な取り組みを示したが、二代目以降の熱意には疑問が残った。

また、政府の側には無意識のうちにではあれ、アジア女性基金は政府の指導・監督下におかれる財団法人であるという伝統的な「官＝上位、民＝下位」意識があった。

基金の作る文書には細部まで口出しするが、「慰安婦」問題に関する政府の文書は自分たちだけで作成し、行動する。みずからのスタンスは一歩も変えようとせず、それでいながら国連の人権委員会への政府報告では、基金に一言の相談もないまま、基金の活動がその大半を占める内容の報告を行う。政府と基金とのこうした歪《いびつ》なかたちは、一貫して変わることがなかった。基金の呼びかけ人には「うるさ方」が多かったことから、政府も呼びかけ人の意見にはそれなりの敬意をすくなくとも表面上は払ったものの、基金事務局と政府担当者との関係では多くの場合こうした「上下関係」が貫徹した。

それとは裏腹に、時間の経過とともに、政府関係者の「慰安婦」問題への関心、熱意も次第に低下し、おざなりな対応に変わっていった（もっとも、これはメディアや一般市民、さらに一九九〇年代あれほど熱意をもって問題に取り組んでいた多くのNGOでさえそうであり、政府だけを批判することはできない）。アジア女性基金設立後の「慰安婦」問題への日本政府の対応は、「戦後補償問題は条約で解決済み」というスタンスを維持したまま、その枠内で具体的問題への対応はほとんどすべて基金に委ね、みずからは極力前面に出ることを避け、問題の沈静化をはかってほとぼりが冷めるのを待つ、というものだった。日本政府の政策のあるべき姿として、「慰安婦」問題に対して日本政府がとった事なかれ主義的な対応には、将来本格的に批判、検討さるべき多くの問題が多々残されている。将来本格的な研究が行われることを期待したい。

政府＝悪玉論の誤謬《ごびゅう》

他方で、「慰安婦」問題を通じて一二年間日本政府とともに働き、同時に鋭く対立した者として、ひとつあきらかにしておくべきことがある。それは、日本政府もけっして一枚岩だったわけではなく、問題解決に必死に努力した人もすくなくなかった、ということである。歴代の政府担当者のなかには、「慰安婦」問題という面倒で「結果が出ない」問題の担当者になった不運を嘆き、任期中ひたすら事なかれで過ごそうとした人もいた。しかし、「慰安婦」問題の解決に真摯に取り組んだ人もすくなくなかった。そうした人は、被害者の立場を基本とするアジア女性基金の理念に心から賛同し、具体的な問題が起こるたびに、なんとか政府のスタンスを変えるよう、あるいはその枠内で最大限のことを実現しようとして、懸命に努力を重ねた。

定住外国人の指紋押捺制度の撤廃やサハリン残留朝鮮人の韓国永住帰還にも示されるように、重大な社会問題の解決には、政府内の献身的な理解者・協力者の存在が不可欠である。「慰安婦」問題の場合、それが女性の尊厳をあからさまに踏みにじる残酷な制度であっただけに、被害者の救済をはからなければならず、また著しく傷付けられた日本の国際的評判を回復しなければならないという考えは、政府内でも広く抱かれていた。アジア女性基金発足時の谷野外政審議室長や、オランダでの償いを成功裡《り》に導いた佐藤・池田両オランダ大使、フィリピンでの償いに尽力した松田・湯下両フィリピン大使から、無名の若手外交官・官僚にいたるまで、元「慰安婦」への償いのため力を尽くした政府関係者は数多く存在した。

アジア女性基金発足直後、わたしが基金への協力依頼のため、外務省の加藤アジア局長を訪ねた際、同局長はアジア局の審議官、参事官、関係課長といった幹部の大半を局長室に集めてわたしの話を聞き、基金に協力するよう、部下に指示した。基金発足直後のわたしが忙しすぎたこと、「慰安婦」問題の直接の責任者がアジア局長ではなく外政審議室長であったこと、その後一年でアジア局長が交代したことなどから、わたしはこのときに加藤局長が示した熱意に十分応えることができなかった。悔いが残るところである。

また、大蔵省の一幹部も、「大沼さん、慰安婦問題を解決するためなら、消費税を一パーセント上げてもいいんだ。ただ、政治の側がその気になってくれなくては」と語っていた。残念ながらこの官僚の思いが政策として結実することはなかったが、そうした官僚がいたことは事実である。一二年のあいだ、「慰安婦」問題の解決について、政府内には一般に考えられるよりはるかに熱心で献身的な官僚が存在したという事実は、読者にきっちりと伝えておきたい。

市民運動家やNGO、ジャーナリストには、政府を一枚岩的に捉えて「官僚＝悪玉」とする人が多い。これは大きな誤りである。市民運動やメディアの担い手にも、弱者への限りない共感の持ち主、自己犠牲と献身の権化のような人から、単なる目立ちたがり屋まで、多様な人がいるように、官僚にも実にさまざまな人がいる。四〇年近く市民運動に従事して官僚とやり合ってきた者として、政治・社会問題の解決には有能な官僚の献身と協力が不可欠であり、またそうした官僚は反政府的な学者やNGOが考えるよりはるかに多いことを、強く指摘しておきたい。一枚岩的な「官僚=悪玉」論からの解放は、メディアとNGOが公共性の担い手として自己を鍛え上げていくうえで最も必要とされるもののひとつなのである。

第5章

償いとは何か——「失敗」を糧として

I　何が「失敗」をもたらしたのか

償いとその評価

一九九五年のアジア女性基金設立から今日まで十余年のあいだ、わたしは時折、「基金は失敗だったんじゃないですか」と聞かれることがあった。そのたびにわたしは、「だれの立場から見て、どういう基準で失敗と言うのですか」と問い返してきた。

一二年の期間、運営に約三五億円の税金を使った組織とその事業が、成功か失敗かという評価の対象とされるのは当然である。アジア女性基金の呼びかけ人、理事、運営審議会委員がボランティアとしてこの間力を尽くしたのは事実だが、そのことは成功・失敗という評価とは無関係である。基金を批判する支援団体やNGOのなかには、「慰安婦」問題の解決のため基金関係者よりはるかに多くの時間と力を費やした人もすくなくないが、そのこととこうした団体の活動が成功だったかどうかとは別問題である。そのような意味で、アジア女性基金の活動は、基金関係者の献身とは独立に評価すべき問題である。

ただ、問題は、どのような立場から、いかなる結果をもって成功・失敗というか、という点にある。「基金は失敗だったんじゃないですか」という無邪気な、そしてしばしば自己の主体的責任を棚上げした問いには、多くの場合そうした視点が抜け落ちている。

なによりもたいせつな、被害者の立場から見てみよう。この場合、被害者といっても多様であり、その境遇、立場によって、評価は異なるだろう。それに応じて基金の「成功・失敗」も異なりうる。

たとえば、償いを受け入れ、総理のお詫びの手紙に満足し、フィリピンの物価水準からすれば巨額のお金を受け取り、そのお金を使って家を建て、家族や親族に小遣いを与え、自分も病院に行くことができるようになり、受け取ったお金がまだ残っているまま亡くなったフィリピンの元「慰安婦」の場合。彼女にとって、アジア女性基金の償いがさまざまな意味で救いとなったのはあきらかである。被害者の晩年に、精神的にも物質的にもそれまでの暮らしよりはるかに好ましい環境と境遇の下支えを提供することができたという意味では、基金の活動はあきらかに成功だったといえる。

しかし、このようにアジア女性基金の償いが大きな意味をもったように見える被害者の場合でさえ、ほんとうに彼女が償いをどう感じていたかという問題は、とうてい簡単に結論が出せるものではない。「基金の活動は成功だった」というのは、あくまで被害者の内心をうかがうことの根源的な困難さという留保を付したうえのものでしかない。

他方、アジア女性基金から償いを受け取り、総理のお詫びの手紙で大きな満足感を得、五〇〇万円（約五〇〇〇万ウォン）という金銭を手に入れて生活はだいぶ楽になったものの、「基金からお金を受け取った者は民族の裏切り者だ」といった社会的圧迫のもとにおかれ、肩身を狭くして人生を生きなければならなかった韓国の元「慰安婦」の場合はどうだろう。彼女にとって、基金の償いはフィリピンの被害者にもまして複雑な意味をもっている。

彼女は、一方ではたしかに一定の精神的・物質的満足感を得ることはできた。日本政府からのお詫びの手紙と日本政府の医療福祉支援費、日本国民からの償い金と、被害者がこれまで受け取ったものはそれなりのものがあったはずではある。総理のお詫びの手紙が、それを受け取った多くの被害者にとってどれだけ大きな意味をもっていたか、これまで述べてきた通りである。また、日本と物価水準がほぼ同一のオランダの被害者が受け取った三〇〇万円の医療福祉支援費より、日本の物価水準よりはるかに低い物価水準の韓国の被害者が受け取った償い金と医療福祉支援費五〇〇万円のほうが、実質的にはずっと多い。これもその通りである。

しかし、韓国で償いを受け取った被害者は、反日ナショナリズムのなかで、償いを受け取ったことを公にすることができないという社会的圧力のもとにおかれ、疎外感を味わうことになった。その状況はいまだに続いている。償いを受け入れた被害者が、自分をなんとか納得させる気持ちの程度は、韓国の被害者の場合、オランダの被害者よりずっと低いのではないか。「慰安婦」問題にかかわった多くの人はそう考えている。

「失敗」の理由

ただ、こうした無念な結果をもたらしたのは、一部のNGOや学者が主張する「アジア女性基金の分断工作」といった類の「陰謀」ではない。日韓両政府の問題解決への消極姿勢。基金のやり方の拙劣さ。戦後補償問題への日本の裁判所の硬直的な姿勢。多くの支援団体やNGO、メディアの独善的な姿勢。こういったさまざまな要因の幾重にも絡まり合った組み合わせが、このような不幸な結果をもたらしたのである。アジア女性基金の成功や失敗を語ることは同時に、基金を批判し、政府の法的責任追及にこだわった多くのNGO、その主張をそのままくりかえした多くのメディアの成功と失敗を語ることにもなるのではないか。

アジア女性基金による償いの功罪を考える際には、それを受け取った被害者だけでなく、受け取らなかった被害者のことも考えなければならない。とくに忘れてならないのは、基金の償いを拒否して死んでいった元「慰安婦」の存在である。また、生存してはいるものの、基金の償いを拒否して裁判で日本政府の法的責任を追及し、特別立法に期待をかけて今日にいたっている被害者のことも、心にとどめなければならない。

被害者への償いを行うに際してアジア女性基金は、嫌がる被害者に償いの受け入れを強要するような行動は一切とってこなかった。ただ、基金と接触した元「慰安婦」には、基金の理念と償いの内容を説明して、道義的責任にもとづく償いを受け入れても日本政府の法的責任を追及する裁判は続行できるから、被害者自身の利益のために受け取ってはどうですか、という助言を行ってきた。

アジア女性基金が接触した多くの被害者は、こうした説明に納得して償いを受け入れた。しかし、なかには、支援団体からの説得や圧力によって償いを受け入れる決心がつかず、申請期間内に申請できなかった元「慰安婦」もいた。アジア女性基金を批判するNGOの意見やメディアの報道を信じて、あるいは基金へ接触したことがあきらかになった場合に予想される周囲からの非難を怖れて、基金への接触を控えた被害者もいた。こうした被害者に償いを実施できなかったという意味では、それはアジア女性基金にとって「失敗」なのかもしれない。

しかし、それは「アジア女性基金の失敗」なのだろうか。裁判にこだわり、アジア女性基金を拒否して法的責任を追及し続けた被害者の多くは、そのまわりにいるNGOや弁護士の助言を受けて行動していた。そうしたNGOや弁護士たちは、裁判に勝てるはずだと言い、国会での特別立法が実現できるはずだと言い続けてきた。メディアのなかには、そうした主張を報道し続け、それを支持する論陣を張った者もすくなくなかった。

そうしたＮＧＯ、弁護士、ジャーナリスト、国会議員たちには、問題はなかったのだろうか。希望的観測にもとづいて被害者を引っ張ってきたあげく、一〇年以上経ってから「できませんでした」といわざるを得なかった見通しの誤りは、高齢の被害者の人生の最後の局面を虚《むな》しいものにした重大な要因なのではなかろうか。この問いに答えるには、国家補償と責任者の処罰を求め、日本政府の法的責任を追及した人たちの主張と認識を、その暗黙の前提や発想のあり方にまで立ち返って検討しなければならない。

国家補償・責任者処罰論の危うさ

「被害者の尊厳の回復は、日本政府が法的責任を認めたうえで国家補償によりなされなければならず、国民参加の補償というのはごまかしだ」——この主張は、一九九〇年代から支援団体、それを支持する学者、ＮＧＯなどからくりかえし説かれ、マスメディアを通じて広く流布した。

「慰安婦」制度を法的な観点からみた場合、それは、それが設置され、運営された当時の国際法と日本の国内法に反する制度であった。この点については、わたしを含む多くの法の専門家が同意するだろう。大日本帝国は、「慰安婦」制度の設置、運営について、たしかに国際法と日本自身の法に反したのである。

しかし、そうした議論から、今日元「慰安婦」に国家補償を求める個人の請求権があるといえるかどうかは、難しい問題である。これまで「慰安婦」問題を含めて、さきの戦争と植民地支配にかかわる請求権の問題は一九五一年のサンフランシスコ平和条約や被害国との二国間協定で解決されており、日本の法的責任を問うことはできないという解釈が支配的だった。この解釈は、現行法の解釈としてみるかぎり、かなり強固なものといわざるを得ない。

そうした解釈は、日本政府だけでなく米国政府を含む多くの関係国政府の解釈でもある。また、日本だけでなく米国の裁判所の判断でもある。「慰安婦」問題にかかわる訴訟は日本だけでなく米国でも提起されたが、すべて被害者側の敗訴に終わった。下級審ではひとつだけ勝訴判決があるが（一九九八年の山口地裁下関支部判決〈いわゆる関釜裁判判決〉）、この判決は法論理構成上きわめて無理の多い判決であり、二〇〇一年に広島高裁で逆転敗訴判決が下された。最高裁も、二〇〇三年この高裁判決を支持した。

むろん、法の解釈は時代とともに変わりうる。二〇世紀を通じて、被害者個人の請求権を認めるべきだという解釈が学説上徐々にふえてきたことはたしかである。わたし自身、そうした解釈が不可能ではなく、日本政府はそうした解釈を真剣に考慮すべきだということを公にしてきた。政府関係者が「法的に解決済みだから国家補償はできない」というのは不正確であり、「日本政府の解釈としては国家補償をする国際法上の義務はない」というべきだ、と主張してきた。

それでも、「慰安婦」問題について、被害者個人の請求権が認められるべきだという主張は、国際法の観点からみて強いものとは言えない。このことは専門家として否定できない。このため、戦後補償裁判はむしろ民法上の請求権の問題として主張されてきた。ただ、ここでも除斥期間と時効という法的な問題が壁となってたちはだかる。いずれにせよ、裁判で被害者の主張を実現することはできない。

裁判が無意味だったわけではない。裁判所のなかには、判決で「慰安婦」制度について事実として認定したものもある。また、裁判の過程での被害者の語りが彼女たちの尊厳の回復を促すという面があった。裁判闘争をたたかう過程で被害者を支える支援者、NGOによって多くの元「慰安婦」は慰められ、癒され、励まされただろう。そうした裁判闘争の過程が被害者に対してもった意義は十分評価しなければならない。

ただ、「慰安婦」問題を裁判で解決する方策を模索した人たちは、国家補償を求めるというもっとも重要な目的を達することはできなかった。この結果は厳然たる事実である。この事実から目をそらしてはならない。

裁判所の法解釈

「被害者の請求を認めない法解釈はけしからん、変えるべきだ」というのはたやすい。「そうした解釈を許す法自体がけしからん」と非難することもたやすい。たしかに、裁判所が不当な法解釈によって被害者の願いを打ち砕く判決を下した場合、わたしたちは声を大にして裁判所を批判しなければならない。わたし自身、とくに外国人の人権にかかわる事件について、主要メディアは日本の裁判所の過剰な保守性をもっと厳しく批判すべきだ、と一貫して主張してきた。司法府も行政府、立法府と同じく公の強制権力機関である。公の監視機関たるメディアは、行政府、立法府に劣らず厳しい目で司法府の判断、行動も監視しなければならない。

ただ、客観的にみた場合、法の解釈とは、個別の被害者の利益を守るという観点からだけでなく、法が仕える多様な目的を考慮に入れた観点からなされるものである。法は、その現実の機能の観点からみた場合、一方で被害者を含む個人の利益を守り、正義を実現する道具であるが、他方では社会を運営する道具であり、支配のイデオロギーでもある。裁判所という公権的法解釈機関はどの国でも一般に保守的であり、日本の裁判所はとくにそうである。法を被害者救済の道具として利用し、法や「法的責任」を人の行動や政策の評価基準としようとする者は、そうした法の両義的な性格や保守的な裁判所のあり方を十分理解したうえで法を使いこなさなければならない。「裁判所の法解釈はまちがっている」というだけでは足りない。「法はけしからん」というだけでも足りない。被害者の救済という実践的課題を追求する者としては、それ以上のものが求められる。

法の解釈を変えさせるには、支配的法解釈を保守する側と変更を求める側との力関係に応じて、厖大な時間とエネルギーを必要とする。法自体を変えるには、それを求める側にさらなる時間と力が求められる。生身の被害者を抱えながら法の改正を求め、あるいは政府による法解釈の変更を求めて運動を行う者は、この厳然たる事実を十分理解したうえで運動を組み立て、展開しなければならない。残念なことに、「慰安婦」問題について法的責任の追及を主張した人々がこの点を厳しく計算して行動したようには思われない。

一九七〇年代から戦後補償問題や在日韓国・朝鮮人の人権問題で、法の改正にどれほど時間がかかったことか。また、日本の裁判所がいかにこうした訴えに否定的に応えてきたことか。こうしたことは、外国人登録法の指紋押捺制度の撤廃や、サハリン残留朝鮮人の韓国への永住帰還運動のいきさつを調べてみれば、よくわかることである。

日本の裁判所は、旧植民地出身の軍人・軍属の年金問題のように、法的観点からみた場合「慰安婦」問題よりもはるかに被害者に有利な事件に対してさえ、被害者敗訴の判決を下してきたのである。その日本の裁判所が、法解釈のうえで被害者を救うことがこうした問題よりさらに難しい「慰安婦」問題で被害者勝訴の判決を下すことは、とうてい期待できない。このことは、一九七〇年代から戦後補償裁判にかかわり、法的論点を研究してきた者にとって、あまりにもあきらかなことだった。わたし自身、「慰安婦」問題について被害者に有利な法解釈を提供している国際法律家協会の報告や国家補償論を説く学者や弁護士の研究をずいぶん検討してみたが、日本の裁判所がそうした解釈を受け入れるとは思えなかった。法の解釈にかかわり政府に具体的措置を要求する者は、希望的観測で動いてはならない。当事者に幻想を与えて、最後になって被害者の取り返しのつかない生を裏切ってはならない。これが、一九九五年にアジア女性基金の設立にかかわり、呼びかけ人となり、その後一二年間基金による元「慰安婦」への償いに従事してきたわたしの考えだった。いまもそれは変わらない。

国連・国際社会からの圧力への幻想

「慰安婦」問題にかかわる裁判に従事したＮＧＯ、学者や弁護士の多くは、自分たちの主張は裁判で勝てる、仮に裁判で敗れても国連などの国際社会からの外圧によって日本政府に自分たちの主張を受け入れさせることができると考えて運動を展開してきたように思われる。多くのメディアは、そうした信念で突き進めば日本政府は屈服し、国家（＝政府）補償が獲得できるという期待、実は幻想をふりまいてきた。

こうした主張をもち、運動を支援する知識人やメディアにはナイーブな国連信仰があり、国連にかかわるものを過大評価する傾向があった。日本の左翼・リベラルの知識人と主要メディアによる国連人権委員会のラディカ・クマラスワミ氏（女性に対する暴力に関する特別報告者）の報告の扱いは、その典型だった。

同報告は、付属文書1として、「戦時軍事的性奴隷制問題」という表題の下に韓国と北朝鮮の「慰安婦」問題を扱っている。しかし、この部分は歴史的事実を認定するうえでジャーナリストのジョージ・ヒックス氏の"The Comfort Women"という文献に多くを依拠しているが、この著作は実証性に乏しく、信頼性の低いものだった。また、クマラスワミ氏による同書の引用自体、不正確な引用を含んでいた。さらに、付属文書1の議論は法的にも問題が多く、総体的にみて学問的水準の低い報告といわざるを得ないものだった。

にもかかわらず、日本や韓国の多くの学者、キリスト教指導者、NGOはクマラスワミ報告を大々的にとりあげ、「国連勧告」と称して日本政府にその受け入れを迫った。メディアの多くも、クマラスワミ報告の「慰安婦」問題を扱った部分があたかも国連のお墨付きを得たかのように報道した。

しかし、国連人権委員会でクマラスワミ氏の仕事全体は「歓迎」されたものの、報告は、

「留意する（takes note）」というかたちで採択されるにとどまった。彼女の報告が、日本や韓国の多くの知識人やメディアが喧伝《けんでん》するほど優れたものであったなら、そうした主張に圧倒的な有利な当時の国際世論のなかで、同報告は国連でもっと高い評価を得ていただろう。「慰安婦」問題を扱った文書の内容に多々問題を抱えており、信頼性が低かったからこそ、同報告はそうした扱いにとどまったのだと考えられる。

旧ユーゴなど、戦時下の女性に対する暴力の問題の特別報告者として一九九八年六月に人権委員会小委員会に報告書を提出したゲイ・マクドゥガル氏の「慰安婦」問題に関する報告も、実証性を欠き、法的論理構成の荒い、低水準の研究だった。たとえば、報告は二〇万人以上の日本軍「慰安所」の「性的奴隷」が二五パーセントしか生き残れなかったと主張し、その根拠として、放言癖で有名だった故荒船清十郎《あらふねせいじゅうろう》衆議院議員の「一九七五年の声明」を引いている。これは、実際には荒船議員が一九六五年に自分の選挙区の集会で行った放言を日本の国会議員からの伝聞として引いている論文に依拠したもので、完全なでたらめである。まともな研究なら、「性的奴隷の二五パーセントしか生き残れなかった」という思い切った主張をするのであれば、完璧な論拠を探す努力をするものである。こうした努力を欠き、ほかにも多々ずさんな主張を含んでいたマクドゥガル報告は、きわめて低い水準の報告だったというほかない。

国連の特別報告者の報告がすべて水準が低いというわけではない。学問的研究としてみても優れた報告もなくはない。ただ、たまたま二人の報告はレベルの低いものだった。「慰安婦」問題という、多くの人の関心を集めた問題に関する報告がお粗末なものだったことは、国連の権威と信頼性を傷付けるもので、残念なことだった。それをひたすら持ち上げた日韓の知識人、NGO、メディアの姿勢も、恥ずかしいものだったというほかない。

むろん、専門を異にする学者や専門的知識をもたないNGOやジャーナリストが、国連報告者の報告の学問的水準を判断することは難しい。そうした非専門家に、そこまで厳密な判断を求めるのは酷である。しかし、なればこそ、非専門家は正確な判断を求めて優れた専門家を探し、彼(女)らの意見を仰ぐ努力を尽くすべきである。そして、その専門家の意見が自分たちの求めるものと異なる場合は、その苦い真実に向かい合い、NGOは自己の主張や運動を再考し、ジャーナリストはみずからの報道や主張にそうした苦い真実を反映させるべきである。

「慰安婦」問題を扱ったNGOやメディアの多くは、こうした地道な努力を払わなかった。その結果、クマラスワミ、マクドゥガル両報告の過大評価が生じ、それが被害者支援運動を誤らせた。「慰安婦」問題における「クマラスワミ・ブーム」はこうした苦い教訓を後代に残しているのである。

法的な闘いの見通しと結果責任

ある重大な問題が提起され、被害者の救済が課題である場合、その課題を実現するにはさまざまな方法がある。問題を法廷に持ち込み、裁判では敗訴してもそれを報じるメディアの力を梃子《てこ》にして国内・国際世論に訴え、政府に圧力をかけ、国会での法の改正や政府の法解釈の変更を勝ち取って被害者の要求を実現するというやり方は、ひとつの方法である。それは、わたし自身、高木健一・金敬得弁護士、田中宏・内海愛子教授などと一九七〇年代から試み、それなりに成功をおさめた手法だった。

一九八〇年代の外国人登録法における指紋押捺制度の撤廃運動と、その結果もたらされた一九九二年の制度の撤廃は、そうしたメディアの力を利用した制度改正の典型だった。わたしも論文の題名に使った「ひとさし指の自由」ということばは日本社会に広く流布し、国際世論を喚起し、日本政府への大きな圧力となった。約一〇年に及ぶ市民運動とメディアによる世論喚起の結果、ついに指紋押捺制度は撤廃された。

しかし、一九九〇年代の「慰安婦」問題では、外圧を利用して日本政府に圧力をかけて立法的改正なり政府の政策変更を勝ち取る手法が功を奏するとは、わたしには思えなかった。

むろん、NGOとメディアの力は一般に高まっている。右のような組み合わせによって人権侵害国の政府に圧力をかけ、救済を獲得するという手法は、一般的には人権侵害国の政府に是正を迫る手段たり得る。ただ、そうした手法が効果をあげるには、個々の案件に即した冷静な計算が不可欠である。わたしの見るところ、一九九〇年代の日本国民は、それが「国際世論」であれ、「アメリカの意向」や「中韓からの批判」であれ、「外圧」に反発を感じるようになっていた。一般市民がそうした感情をもっている状況では、一九七〇〜八〇年代には成功した「外圧」を利用する手法も通じにくい。

また、一九九〇年代には細川・羽田・村山政権の下で侵略戦争と植民地支配を反省する国会決議の論議が現実味を帯びるなかで、それを支える歴史認識に対する多数の国会議員の反発が示された。そうした反発は自民党だけでなく、野党でも強かった。国会での力関係を考える限り、立法による「慰安婦」問題の解決はとうてい現実的な選択肢とは考えられなかった。

仮に立法をめざす運動を強力に展開し、その間政治的な力関係が変わったとしても、その実現には最低数年、悪くすると一〇年という時間がかかってしまう。その前に多くの元「慰安婦」は亡くなってしまうだろう。被害者の多数が亡くなっている状況でのそうした「勝利」は虚しいものでしかない。これがわたしの考えだった。

現時点で見る限り、「慰安婦」問題にかかわる裁判は、地裁レベルでの勝訴がひとつだけあったものの、上級審では覆され、すべて敗訴に終わっている。特別立法は、民主、共産、社民の三党が衆参両院で多数を占めない限り成立の見通しはない。一九九〇年代から二〇年近く、多くの被害者の逝去という犠牲を払いながら、元「慰安婦」たちに「あとすこし、あとすこし」と言い続けてきたNGOや裁判の弁護団は、目標を達成できないまま今日にいたっているのである。

NGOの政治的責任

「慰安婦」問題は、道義的・法的問題であると同時に、日本政府の政策のあり方をめぐって異なる価値観をもつ者が争う政治闘争でもあった。日本政府、韓国政府、自民党右派、アジア女性基金などと同じく、支援団体、NGO、訴訟にかかわる弁護士、「慰安婦」問題について主張する学者やジャーナリストは、好むと好まざるとにかかわらず、「慰安婦」問題の解決という政治問題をたたかう政治闘争の主体たらざるを得ない。そうした主体には、自他の力量と自己の限られた政治的資源を冷徹に計算し、自己の主張の実現可能性をぎりぎりまで見通す厳しさが求められる。

「慰安婦」問題にかかわった多くの支援団体、NGO、弁護士、学者、ジャーナリストは、みずからが政治闘争の主体であり、みずからの言動は結果責任を問われるという自覚をどれだけもっていたのだろうか。そうした自覚とリアリズムを欠いたまま、裁判闘争やメディアの圧力、国連などを利用した外圧によってみずからの主張を実現できると考え、被害者たちにそう助言してきたのではないか。こうした希望的観測のもとに被害者を引っ張ってきた支援団体や弁護団は、結果に対する責任を負うべき主体として、将来の予測と政治闘争の方針の立て方において大きな過ちを犯したのではなかろうか。

この点に関して、上野千鶴子氏は一方でアジア女性基金を厳しく批判しつつ、「それでは、基金を批判するなら、どのような代替案が可能だったのだろうか」を問うた（上野『生き延びるための思想』岩波書店、二〇〇六年、二二四ページ）。みずからが結果への責任を問われる政治闘争の主体であることを自覚した態度である。わたしは、上野氏とは「慰安婦」問題について多くの点で意見を異にするが、こうした態度はたいせつだと思う。

これに対して荒井信一氏は、「基金は失敗した」（「シンポジウム『慰安婦』問題再考」『論座』二〇〇四年二月号、一二〇ページにおける荒井発言）と断じながら、「（アジア女性基金を）作らないでどういう選択があり得たか」という問題については、「頭の体操として考えることはいいかもしれませんが、私はあまり意味はないだろうと思います」と突き放した（同一二九ページ）。わたしは歴史学者として、また人間として荒井氏を尊敬するが、荒井氏のそうした姿勢は、「慰安婦」問題の解決を模索した主体としてきわめて疑問に思う。

荒井氏は「日本の戦争責任資料センター」というNGOの代表として論陣を張ってきた代表的な論客であり、その立場は単に「ifの問題は頭の体操」という実証主義的な歴史学者であるにとどまらない。それは元「慰安婦」の運命にかかわる政治闘争の主体という性格を帯びざるを得ない。「基金がダメだったのなら、何がありえたのか。みずからは何をなすべきだったのか。それはどれだけの実現可能性があったのか」という問いは、荒井氏にとって必ず答えなければならない問いだったのではないか。

荒井氏をはじめ、「慰安婦」問題に知識人、NGOとしてかかわった人々の多くは善意の人々であり、被害者のために献身的に活動を続けた人たちであった。そうだとしても、結果において自分たちの見通しに誤りがあったのではないか、という問いから目をそらしてはならないだろう。そうした結果への責任を問う必要は、日本政府であれ、アジア女性基金の関係者であれ、基金を批判したNGOであれ、裁判を進めてきた弁護士であれ、被害者の救済を願って報道したジャーナリストであれ、同じはずである。地獄への道は往々にして善意で敷き詰められている。この苦い真実から目をそむけてはならない。

しかもこの問題は、政治的力関係の計算、政治、司法、メディアの場での戦略と戦術の立て方にとどまるものではない。それはさらに、そもそも「慰安婦」問題について償いとはなにか、日本が責任をはたすとはいかなることか、という根源的な問題にかかわる。以下、それを考えたい。

Ⅱ　法的責任論の誤謬《ごびゅう》

法的責任と道義的責任

「慰安婦」問題について日本政府とアジア女性基金に浴びせられた非難のなかでもっとも多かったのは、日本政府は元「慰安婦」に対して、法的責任を認めるべきなのに道義的責任というかたちでそれを回避し、基金はそうした政府の策謀に乗ってしまった、というものだった。この批判は、先に述べた「被害者の願いは、人間（女性）としての尊厳の回復である」という主張と結び付いていた。こうして、「被害者の意思＝尊厳の回復＝日本政府による法的責任の承認＝アジア女性基金による償いの欺瞞《ぎまん》性」という単純化された図式が、さまざまな報道や著作でくりかえされ、マスメディアを通じて広く流布した。

しかし、仮に被害者の意思が尊厳の回復にあるということが正しいとしても、それはそのまま法的責任の追及に結び付くのだろうか。「日本政府が道義的に責任を認めるだけでは十分でない、法的責任を認めることが国家として責任を認めることになる」という主張は、暗黙のうちに「国家の責任のあり方として、法的責任のほうが道義的責任より価値がある」という価値序列を想定している。だが、法的責任とはそんなに価値あるものなのだろうか。いったいだれがそういう序列を決めたのだろうか。

法と道義とは、ともに規範としての属性をもつ。法とは、社会構成員すべてが守らなければならない規範であり、それを破れば最終的に国家権力による制裁が科せられる規範と一般に考えられ、そのように運用されている。逆にいえば、法違反に対しては権力が発動され、個人の価値・利益が侵害される。たとえば刑務所に入れられる。それゆえ、法はどんな人にも適用できる最低限の社会規範でなければならない。

法はかろうじて守るが、道義は守らない人は社会にいくらでもいる。「Aさんは、法律すれすれのところで商売している」「いくら法律に違反していないといっても、モラルがあれではねえ」といった台詞《せりふ》はよく耳にする。それは、「社会の最低規範としての法」というわたしたちの共通認識を反映している。

ところが「慰安婦」問題では、法的責任を認めることのほうが道義的責任を認めることより重要だ（あるいは価値がある）、という前提のもとで問題が論じられてきた。政府の政策や人々の行動も、そうした思考枠組みで評価する風潮が一般的だった。日本政府が、「戦後補償にかかわる問題は法的には条約で解決済みだが、道義的責任は認める」という言い方をしたとき、それは必ずしも「法的責任という上位の責任は認めないが、道義的責任という格下の責任なら認める」という意味ではなかったはずである。しかし、おそらく政府の側にも漠然とそうした意識があったし、一般にもそうした理解が流布した。

たとえば、国家補償論の立場に立つ吉見義明氏は、道義的責任が法的責任より重いものであることを認めながら、何らの論証・根拠を示すことなく、「日本政府の感覚としては、法的責任を認めないということの別の表現が道義的責任を認めるという表現になるのです。法的責任よりも軽い責任しか認めないという構造になっていると思います」（大沼・岸編『「慰安婦」問題という問い』第三章）と述べている。わたし自身、かつて、政府に法的責任は問えなくても最低限道義的責任はとらせることができる、とうっかり言ってしまったことがある。なぜ法的責任が道義的責任より価値が高いような言い方をしてしまうのだろうか。なぜ無意識のうちにそう考えてしまうのだろうか。これに答えるには別途本格的な研究が必要だが、とりあえず次の点が考えられる。

法的責任の価値

第一に、日本には明治以来の「法科万能」的な法学（部）中心の発想が（とくに公の問題に関する領域では）根強く残っている。政府でも企業でも法学部出身者は「主流」であり、内閣でも法制局の力は強く、外務省でも条約局（現国際法局）は長いあいだ筆頭局の地位を保ってきた。法は一般市民にとって難解な秘儀であるために、いっそう法は特別なもの、ありがたいものという意識が支配しがちである。こうした発想が強い社会では、合法であることはそのまま正当であるとする合法性信仰が、政府関係者だけでなく、政府を批判する側まで支配することになりやすい。

第二に、世界的にみても、弁護士社会・訴訟社会という色彩を色濃くもつ米国と、伝統的に法中心主義的な文化をもつ欧州の影響力が圧倒的に強い。そのため、法中心主義的思考が国際世論に反映されやすい。諸国の指導層やメディアも、こうした欧米の法中心主義的発想に倣《なら》いがちである。「慰安婦」問題でも、日本政府は法的責任を認めるべきであって、道義的責任では足りない、という議論は、人権専門家、NGOなどを中心に、国連や欧米、韓国のメディアなどでも支配的だった。

第三に、道義的責任の場合、万人が一致できる客観的判断基準を確定することは困難だが、法的責任の場合、国家法にせよ国際法にせよ、一義的な判断基準が一応存在する。客観性という意味では、法的責任のほうが道義的責任よりも優れている。すくなくともこうした理解、イメージが一般的である。

第四に、法的な責任を認めさせることができれば、国家補償や犯罪人の処罰を強制的に実現することができる。道義的責任といっても、その具体的なかたちを特定することは難しく、強制することはできないのに対して、法的責任の場合、それらが可能となる。このように、自己の主張を国家・政府に強要できるという意味では、法的責任は道義的責任より優れている。

最後に、知識人やNGOを含む市民のあいだには、「司法権の独立」「中立的な裁判官」などのイメージで捉えられる、司法府への漠たる信頼感がある。ほとんどの人は、日本の司法府がこれまで戦後補償や外国人の人権にかかわる裁判でどれほど保守的で、被害者の期待を裏切る態度をとってきたかということを知らない。裁判官が例外的に戦後補償や国際人権法に理解ある人だったとしても、現行法の枠内で被害者を満足させることは法解釈上難しいということも、知らない。法的責任論を主張する者は、こうした実態を研究し、それを被害者や運動体、ジャーナリストなどに正確に伝えるべき――それがプロフェッショナルとしての責任である――なのに、そうした任務を十分はたしていない。

司法府への漠たる期待と対照的に、多くの知識人やNGOは「政治家」、「官僚」としてイメージされる政府に強い不信と猜疑を抱いている。多くの学者やNGOがこうした政府不信で凝り固まっていることには、政府の側にも、また政府内の多様性を伝えるべきメディアにも、一半の責任がある。一般に、学者やNGOは官僚の生の声を聞くことはできない。一般人の目にふれる政府、とくに官僚は、ほとんどいつも「しっぽをつかまれまい」とし、責任を回避する行動をとっている。メディアは、そうした「しっぽをつかむ」報道には熱心でも、政府が行う善政を誉《ほ》めることはほとんどない。メディアの報じる官僚は常に悪役、悪玉である。

こうしたなかで、多くの学者やNGOは、政府を一枚岩の「悪」とみなす、単純な「政府＝悪玉論」に走りがちである。実際には、一口に日本政府といっても、内閣により、省庁や、部局により、担当者により、さまざまである。政府にも、被害者の救済のため力を尽くそうとする人、実際に尽くす人もすくなくない。政府に批判的な学者やNGO、メディアの多くは、こうした「政府」あるいは「国家権力」の多様性を、見ようとも考えようともしない。

こうした、司法府との比較においてバランスを欠いた政府への過剰な不信と猜疑が、村山内閣という比較的マシな政府の政策に対しても向けられた。同内閣は、裁判所よりはるかに戦後補償にかかわる被害者の救済に熱心だったのに、ステレオタイプ化した「政府＝悪玉」の図式でみられた。「日本政府が言う道義的責任など、とうてい信頼できない。それを実現するというアジア女性基金も同断である。それよりはまだマシな司法府でたたかい、世論やメディアの力で日本政府を屈服させるべきだ」という態度は、知識人、NGO、ジャーナリストの多くに共通する政府＝悪玉観と結び付いた、根強い政府不信の産物だった。

こうして、「慰安婦」問題について一貫して法的責任を道義的責任の上位におき、「道義的責任では不十分で、法的責任を認めさせるべきだ」という言説が支配した。メディアによってくりかえされ、広く流布したこのイメージは、問題にかかわったほとんどすべての人々と一般市民の意識を縛ることになったのである。

法的責任は道義的責任に優るのか

「慰安婦」制度の犠牲者である元「慰安婦」の圧倒的多数は、社会の大部分の人々と同じく、法的責任とか道義的責任といった議論とは無縁の人々である。ところが、そうした人たちの多くが、「日本政府に法的責任を認めさせない限り、自分たちの尊厳の回復はなく、問題の解決はない」と言い続けた。それは、彼女らを支援し、日々彼らに接している支援団体、運動をリードしてきた学者やNGO、ジャーナリストなどがそのように説いてきたためである。

しかし、「法的責任は道義的責任に優る」という価値序列を想定することには根本的な問題がある。「被害者が求めているのは日本政府が法的責任を認めることであって、道義的責任というのはごまかしだ」という主張にはさらに大きな問題がある。それは、（1）被害者自身の思いと利益、（2）被害者が生存中に実現できる現実的な要求、という二重の意味で問題である。

くりかえし述べてきたように、被害者の思いと境遇は多様だが、それでも、真摯な、心のこもった、国家として正式の謝罪を求める、という点では幅広い共通性があった。問題は、「真摯な、心のこもった、国家として正式の謝罪」が、「法的責任を認める政府の謝罪」と同一視されたことにある。この考えは、法と道義のそれぞれの独自性と両者の共通性との理解において、決定的な過ちを犯している。

法とは、社会構成員すべてに適用される最低の道徳という性格をもつ社会統制の道具である。法はそのようなものとして、専門的・技術的な性格をもっている。法的責任はそうした技術的要件を満たした場合にのみ、国家権力によって強制されうる。法的責任とは、そのような法特有の性質のゆえに、真摯な、心のこもった、国家としての正式の謝罪とは別の次元で、別の根拠にもとづいて、第三者機関たる裁判所によって認定され、強制されうるものである。

道義的責任は、法的責任とは異なる次元で、異なる根拠にもとづいて、真摯な、心のこもった謝罪を含むさまざまなかたちではたされうる。道義的責任には、法的責任とは異なり、責任の認定と基準に関する専門技術的な要件も、裁判所という第三者認定機関も存しない。道義的責任を強制的に認めさせることもできない。道義的責任は、きわめて真摯な、被害者の心に届くかたちではたされることもあれば、「道義的責任」という名のもとに、便宜的・政治的考慮にもとづく不誠実な責任回避がなされることもありうる。

国家の道義的責任が問題となるときは、正式な国家代表として意味をもつ元首、首相、議会などの姿勢、作為、そして不作為が問題となる。そこではまた、著名な国会議員、作家、スポーツ選手、映画スター、歌手など、事実上その国を代表するイメージをもつ人、さらにその国の国民一般の意識や行動まで問題となりうる。国家の道義的責任はしばしば政治的責任と重なり合い、互換的にも用いられるが、それは、道義的責任がこのようにあらゆる人を当事者とする政治の総体とかかわるからである。

ドイツが認めた責任とは

重要なのは、法的責任だから「真摯な、心のこもった、国家としての正式の謝罪」であり、道義的責任だから「法的責任より価値のない、国家として正式の謝罪としての意味をもたない、政治的ごまかしだ」とはまったく言えない、ということである。法がもつ技術性、専門性、強制性からすれば、法的責任とは、真摯な、心のこもった、国家として正式の謝罪とは本来別物である。

法的責任を認めたからといって、謝罪が真摯で心のこもったものである必然性は存しない。政府が裁判で敗れてしぶしぶ法的責任を認めたとしても、だれもそれを真摯な謝罪とは考えないだろう。謝罪が真摯な、心のこもった、国家として正式なものか否かは、道義的責任であれ法的責任であれ、そのはたし方と内容を総体的に判断して評価するほかないのである。

第二次大戦にかかわる謝罪として、一九七〇年に西ドイツ首相ウィリー・ブラントがワルシャワ・ゲットーのユダヤ人墓地でひざまずいた行為は、あまりにも有名である。それは、一国の指導者としてはたしうる最大限の人間的誠実さを備えた責任のとり方として評価されてきた。

ワルシャワ・ゲットーのユダヤ人墓地でひざまずくウィリー・ブラント西独首相（1970年12月7日）

だが、ブラントがひざまずいたとき、彼は法的な責任をはたしていたわけではない。ブラントの行為は、広い意味での道義的責任のひとつのはたし方であり、同時に政治的責任のはたし方でもあった。この点は正確に理解しなければならない。

ブラントは、ホロコーストの罪を背負った戦後西ドイツの首相だった。同時に西ドイツを代表する政治家であった。そのブラントには、ユダヤ人への謝罪を目に見えるかたちで示さなければ西ドイツが戦後世界で生きていくことができないということは、十分すぎるほどわかっていただろう。「パフォーマンス」を見せるべきだという考えや助言は当然ありえただろう。

ただ、彼の行為は、そうした政治的考慮を超えた、人間としての誠実さをまごうことなく示すもの――カメラの目はそれをきっちりと捉えていた――と多くの人に受け取られ、評価された。だからこそ、彼は彼が代表するドイツの道義的責任をはたし、同時にドイツを代表する政治家として政治的責任をはたすことができたのである。「慰安婦」問題についてあらゆるところで喧伝された「法的責任をはたさなければ責任をはたすことにならない」という議論が誤っていることはあきらかである。

III　道義的責任のはたし方

ことばと所作

過去の過ちに対する道義的責任（同時に政治的責任）のはたし方の判断基準となるものは

なんだろう? 責任をとるにあたっての真摯さ、誠実さという人間の内面は覗《のぞ》くことができない。だから、真摯さ、誠実さは、具体的な行動や発言といった外形から判断するほかない。ではそうした外形とは何か。

第一はことばだろう。被害者の心にどれだけ奥深く染み入るような、誠実さを示すことばで謝罪がなされているか。あるいは、たんに形式的なものであって、実際上は責任を免れる言葉遣いで謝罪がなされているか。そのあいだには無数の異なることばがありうる。

謝罪、反省をあらわす言葉遣いは、それを求める被害者にとっても、差し出す側の加害国政府にとっても、それを評価する諸国の国民にとっても、もっとも重要な評価のものさしとなる。ドイツが日本より真摯に戦争責任をはたしていると言われるのも、ブラントの行為だけによるものではない。ヴァイツゼッカー大統領など、国家の指導者が語ったことばが被害者の心に届くものであり、第三者の評価に堪えるものだったからでもある。

アジア女性基金関係者は、本来政府の責任で書かれる総理のお詫びの手紙の言葉遣いにこだわり、政府の原案に強い注文をつけた。それは、基金の関係者が、こうした謝罪、反省のことばがもつ重要性を熟知し、政府が先例に囚《とら》われて不十分なことばによるお詫びの手紙しか書かないことを怖れたためである。その具体的な内容と評価については、あとで述べる。

第二は、所作、謝罪のかたちだろう。ワルシャワ・ゲットーでのブラントの行為があれほど人々の胸を打ったのは、彼が真摯な態度でユダヤ人墓地の前でひざまずいた、という一点に尽きる。あの映像が世界中に流れ、それを見たとき、人々は、ブラントによる、そしてブラントが代表したドイツによる、真摯な償いの姿勢を感じ取ったのである。

アジア女性基金は、元「慰安婦」への償いを実施する際、できるだけ被害国に駐在する日本の大使や、基金の有馬真喜子、金平輝子、下村満子といったシニアの女性の理事が、総理のお詫びの手紙を、総理の手紙よりさらに深く具体的に謝罪と反省の意を表した基金理事長の手紙とともに、被害者に手渡すように努めた。これは、償いには、償いの内容とともに、そのはたし方が大切だという考慮にもとづくものだった。実際、元「慰安婦」と同世代の女性理事が償いを手渡したケースでは、被害者側に大きな感謝と満足感が見られた。

韓国での被害者に償いを届ける金平輝子理事（1997年１月11日）

ただ、この点については、日本政府の姿勢には根本的な問題があった。日本政府の指導者は、「慰安婦」問題が注目を引くようになった一九九一年以来、テレビなどのメディアを通して日本国民、韓国国民、さらに世界の人々の目に見えるかたちで謝罪を示すことはなかった。たとえば、首相が元「慰安婦」たちを訪れ、そこで直接彼女らに詫び、それがメディアによって全世界に伝えられることはなかった。

わたしは、ある元「慰安婦」が病気で入院した際、首相、せめて外相、最低限大使が見舞って欲しいという提言を政府関係者に行ったが、まともにとりあげられなかった。そうした行為はマスコミの餌食《えじき》となり、被害者から国家補償論などの要求が持ち出され、それをめぐって論議が勃発し、「粛々と償い事業を進める」政府の方針に反する、というのが政府側の考えであった。それは、「息をひそめて嵐が過ぎるのを待つ」という日本政府の体質を如実に示すものだった。

官僚が懸念するリスクがないとは言わない。しかし、そもそも政治とはリスクを負って決断する業《わざ》というものだろう。首相が元「慰安婦」に会うという「虎穴」に入らずに、「慰安婦」問題で著しく傷ついた日本の評判の回復という「虎児」を得ることはできない。日本政府の姿勢は、政治の主体としてあまりに臆病なものだったのではなかろうか。

また、総理のお詫びの手紙を被害者の国に駐在する日本の大使が被害者に手渡したのは、ごく少数の事例に限られていた。フィリピンの離島に住む被害者、韓国で秘密裡に償いを受け取ることを希望し、基金関係者との接触を希望しなかった被害者などの場合、日本を代表する大使や基金の年配の女性理事が被害者に直接手渡すというかたちをとることはできなかった。こうした点において、償いのかたちにはきわめて不十分な点が残った。

物質的な償いと教育・啓発

道義的責任のはたし方を評価する第三の基準は、物質的・金銭的補償だろう。人はパンのみに生きる者ではない。しかし、パンがなければ生きていけない。いくら誠実に聞こえることばがあったとしても、被害者への物質的・金銭的償いをまったく欠いた謝罪は不十分と考えられるだろう。「誠意はわかりました。じゃあ、その誠意をかたちで示してください」というのは、被害者の側のごく自然な発想である。道義的責任をはたすことの具体的な証《あかし》のひとつとして、被害者への金銭的・物質的補償が求められるのである。

元「慰安婦」への償い金と医療福祉支援費の合計額は、フィリピンの場合三二〇万円、韓国、台湾の場合五〇〇万円、オランダの場合医療福祉支援費として約三〇〇万円だった。金額に限っていえば、一人当たりGDPが日本の約三〇分の一のフィリピンの被害者にとっては十分実質的な額であったろう。一人当たりGDPが日本の約三分の一の韓国と台湾については、わたし自身はもうすこし多くすべきだったといまでも考える。韓国で反日感情が強かったからこそ、フィリピンの被害者と実質的に大きく変わらない受け取り額にすべきだったと思うからである。

日本と所得水準がほぼ同一のオランダの場合、相対的にみれば受け取った額はもっともすくなかった。ただ、オランダの場合、被害者の生活困窮度は他国に比べて低く、被害者の主たる要求は総理のお詫びによる精神的な満足感にあった。そのため、比較的すくない額でも不満はすくなかったと考えられる。

なお、二〇〇〇年に設立されたドイツの「記憶・責任・未来基金」による、ナチの侵略、占領の被害国の強制労働者への補償額は、一人当たり最大五〇〇〇～一万五〇〇〇マルク（約三〇万円弱～約八〇万円弱）である。また、米国で第二次大戦中強制収容された日系米国人への補償額は、一人当たり二万ドル（約二〇〇〇万円強）である。事情がさまざまな点で異なる多様な戦争被害者への補償の国際的な比較は単純に行うべきではないが、種々の戦争被害者への補償がどの程度のものかをおおざっぱに知る手がかりにはなるだろう。

第四に、指導者のことばや所作に示された償いの姿勢がその国（加害国）でどれだけ共有されているか、という基準があるだろう。別の観点からみれば、政府が自己の償いの姿勢をどれだけ多くの国民に共有させるよう努力を払っているかという問題である。いかに首相、大統領という国家指導者が償いの姿勢を示したとしても、国民の意識――具体的にはそれを示すメディアや閣僚、国会議員などの言動――がそうした指導者の姿勢とまったく異なる場合は、道義的責任のとり方として疑問が呈せられるだろう。

この点に関しては、日本政府とアジア女性基金が日本国民全体の意識を元「慰安婦」への謝罪と償いという方向にもっていこうとして払った努力は、あきらかに不十分だった。とくに、日本政府の「寝た子を起こさない」「じっと息をひそめて、(批判の)嵐が過ぎ去るのを待つ」という姿勢は、この観点からみた場合きわめて大きな問題を含んでいた。

日本政府が一九九三年に河野官房長官談話で「慰安婦」問題への日本軍の関与を認め、一九九五年にアジア女性基金をつくって償いを行うことを決定した後でさえ、政治家のなかには「『慰安婦』は公娼・売春婦であり、補償の必要はない」といった類の見解を公然と主張する者が絶えなかった。こうした主張は事実の根拠を欠き、被害者をはなはだしく傷付けるものだった。政府はこうした言説に対して、政府の公式見解を強調し、毅然《きぜん》としてこれを批判し、「慰安婦」問題について責任を認めた日本政府の立場を、国内でも国際社会でもあきらかにし続けるべきであった。

しかし、日本政府はそうした自覚的な、目に見える努力を怠った。とくに橋本政権以降日本政府の「見て見ぬふり」は顕著となり、小泉政権さらに安倍政権下ではおおっぴらなものとなった。このような政府の姿勢は、政府がそうした誤った、道義的に許されない主張を黙認した、と批判されても反論できないものだった。この点において、日本政府には道義的責任をはたしていくうえで重大な欠陥があった。こうした政府自身の不作為の積み重ねによって、二〇〇七年初めの米国議会への「慰安婦」問題決議案上程のようなあきらかに事実誤認にもとづく動きや批判に対してさえ、日本政府は胸を張って反論しにくい状況に追い込まれてしまったのである。

再発防止の努力

最後に、道義的責任を認めて謝罪した者が、加害行為の責任者の責任追及を含めて、どれだけ類似の加害行為の再発防止に真摯な努力を払うかということも、道義的責任を評価するうえで重要なものさしである。

被害者、および被害者と自己を同一化させる傾向がある被害者の属する国の国民は、具体的な被害者だけでなく死者を含む被害者総体として、加害国の道義的責任のはたし方に注目する。真に反省しているなら、将来二度とそうした事態が生じないよう、徹底した措置をとるだろう。被害者側はそう考える。こうして、加害者を出した国の将来の行動は、被害者と被害者の国の国民にとって重大な関心事となる。

多くの元「慰安婦」は、「慰安婦」制度の創設と運営に責任を有する者の処罰と、今後二度とこうしたことが起こらないよう、歴史の教訓として次世代に伝えることを求めた。このうち、責任者の処罰は、事後法による処罰の禁止という近代法の根本原則に反する可能性が高い。これが実現できなかったことは、「慰安婦」問題について日本による償いの姿勢の不十分さのあらわれと解すべきではない。

ただ、この結論は、多くの被害者にとって受け入れがたいものかもしれない。自分が地獄の苦しみを味わうことになったその張本人が罰せられないというのは、不条理としか言いようがないことである。それを被害者に受け入れなさいと説くことは、きわめて残酷なことである。

しかし、人に刑罰を科すのは行為時の法律に定められた規定によらなければならず、行為時に犯罪とされていなかった行為を事後的に処罰することはできないという事後法の禁止は、人類が長年かけて獲得した、もっとも重要な近代法の根本原則のひとつである。それを破る要求が叶えられない、叶えてはならないものだということは、どうしても被害者に告げざるを得ないことである。

被害者が事後法による処罰以外のほかのかたちで癒しと満足を得るように丁寧に被害者に説き、その結果がもたらす不満と悲哀を慰め、被害者に寄り添う。こうしたことこそ、被害者を支援する人々のかけがえのない役割ではないだろうか。支援者は、「正義の回復」を求めるだけでなく、自分の望みがすべて叶うものではないという、人が生きるうえでどうしても受け入れざるを得ない現実を被害者とともに受け入れ、被害者がなんとか納得できるよう慰め、心に寄り添う人であって欲しい。そうした貴重な行為が、総体としての日本の道義的責任のはたし方の重要な一環をなすものなのである。

歴史の教訓として

もうひとつの方策である、将来女性の尊厳の蹂躙を防ぐための歴史の教訓とする事業については大きな問題が残っている。日本政府自身の政策として、「慰安婦」制度の実態を国民に伝え、将来への糧とする教育・啓発・広報活動はきわめて不十分だった。くりかえし述べた「アジア女性基金任せ」「首をすくめて嵐の通り過ぎるのを待つ」という日本政府の姿勢は、こうした不十分さを如実に物語る。

村山内閣が約束したアジア歴史資料センターの設立も、「面倒な問題に巻き込まれる」ことを怖れる各省庁は、その主管官庁となることを拒んだ。最終的には、アジア歴史資料センターは、国立公文書館の電子図書館という、目立たない、ひっそりとしたかたちで実現するにとどまった。

アジア女性基金は、一〇七ページで述べたように、「慰安婦」問題に関する文献資料の収集と刊行など、将来の研究・教育・啓発に役立つ仕事を、地道にやってきた。また、「慰安婦」問題と同じ女性の尊厳を損なう現代の諸問題、とくに家庭内暴力（主に夫・父親から妻・娘に向けられる暴力）や戦時における女性の人権の問題に取り組んだ。具体的には、日本各地でシンポジウムや研究会を開き、こうした活動に従事するＮＧＯに助成するなどの活動を続けることにより、こうした問題への日本社会の関心を高め、一般市民への啓発を行った。

こうした活動は広範な支持を受けた。「慰安婦」への償いに直接かかわらないものの、こうした活動をしているという事実が元「慰安婦」への癒しとなり、将来の世代への教訓となるという意味で、それは評価されるべき活動だった。ただ、アジア女性基金という事務局員わずか八名程度の組織が、本来の業務である被害者への償いの二次的事業として行ったこうした事業は、いずれも小規模であり、日本全体の道義的責任のはたし方としてとうてい十分なものとはいえなかった。

もっとも、再発防止策の充実や啓発活動の不十分さは、アジア女性基金だけの問題ではなく、政府を含めて、メディア、ＮＧＯなど、「慰安婦」問題にかかわったすべての主体の問題であった。そうした総体的な観点からみれば、日本政府を批判し、女性に対する暴力の問題性を一貫して主張し、そうした考えを広めた学者、ＮＧＯやメディアの言説と活動は、被害者の思いを社会の人々に伝え、将来の再発防止への貢献という点で大きな役割をはたしたと言える。こうした論者の基金批判がこれまで述べてきた多くの問題点を含んでいたとはいえ、その言説にはこのようなたいせつな意味も含まれていたのである。この点は、アジア女性基金の活動と批判者の活動の補完性という観点から最後にもう一度考えたい。

日本とドイツの法的・道義的責任

以上のほかにも、道義的責任の評価にはさまざまな基準があるだろう。重要なのは、道義的責任について、真摯で心のこもった、国家としての正式の責任のとり方として、まずもって被害者の、第二に被害者が属する国の国民の、さらに国際社会全体の評価を得られるものであったかどうかを評価することである。これは、法的責任の評価とは別個に、道義的責任それ自体としてなしうることであり、なすべきことであった。しかし、「慰安婦」問題の責任にかかわるほとんどの言説は、法的責任こそたいせつなのであり、道義的責任はごまかしだ、というものであった。「日本の責任」があらゆるところで喧伝されたにもかかわらず、日本の道義的責任のあり方、その取り方を以上に述べたようなかたちで丁寧に考え、その是非を判断しようという議論は皆無だった。

興味深いのは、ドイツは戦争責任をはたしているのに日本ははたしていない、という議論は広範に受け入れられているにもかかわらず、ドイツがはたしてきたのはまさに道義的責任であって、法的責任ではない、という事実がほとんど知られていないことである。

戦争責任に関する日独の比較は、評価が過度の単純化に傾きがちだという点を別にすれば、当たっている点が多い。ブラント、ヴァイツゼッカーにあたる国家指導者を、戦後の日本はもつことができなかった。社会全体の非ナチ化に相当する、国民全体による戦前の体制の見直しも行わなかった。とくに一九七〇年代以降の西ドイツにおける戦争責任の内面化の努力は、日本よりはるかに徹底したものだった。

ただ、ドイツは、「日本と違って侵略戦争の法的責任を認めている」わけではない。「日本と違って個人の補償の法的請求権を認めている」わけでもない。ドイツ政府の法律顧問としてドイツの法的立場を説明したライナー・ホフマン教授も、二〇〇四年の日本の国際法学会での講演でこの点を明言している（『国際法外交雑誌』一〇五巻一号、二〇〇六年、参照）。ドイツが日本に比べて相対的にはマシなかたちで戦争責任を認めていることはたしかだが、両者の違いは「法的責任を認めているか否か」にあるのではない。それは、「道義的責任をどれだけ適切なかたちで認めているか」という点にあるのである。

にもかかわらず、「慰安婦」問題の解決を説くほとんどすべての論者によって法的責任を認めなければ責任を認めたことにならないという主張がなされ、それがメディアを通して一般化した。そのため、総理のお詫びの手紙、国民からの償いの拠金、政府による医療福祉支援、「慰安婦」問題を歴史の教訓とする事業といった日本の道義的責任のはたし方が、道義的責任のはたし方として十分なものか、不十分だとしたらさらにどういう行為を政府に要求すべきか、という冷静な議論はまったくといっていいほどなされなかった。道義的責任をごまかしとするイメージはテレビ、大手新聞といったメディアによって広範に流布し、社会に定着してしまったのである。

Ⅳ　総理のお詫びの手紙

お詫びの手紙とは

こうした冷静な評価がなされなかった代表が、総理のお詫びの手紙である。

一九九六年の橋本総理から二〇〇一年の小泉総理まで歴代四人の首相が署名し、被害者一人ひとりに届けられたこの手紙は、多くの学者やNGOから公式の謝罪の手紙ではないと非難された。こうした非難を招いた一因は、日本政府が英訳で当初「私の気持ち」を「my personal feelings」と訳したことにあった。支援団体などからの批判を受け、政府は後にその部分を「my feelings」と改訳したが、私的な謝罪であるという非難を許すような訳を最初に採用したことの責任は日本政府にあり、その責任は厳しく問われなければならない（先述し

拝啓

このたび、政府と国民が協力して進めている「女性のためのアジア平和国民基金」を通じ、元従軍慰安婦の方々へのわが国の国民的な償いが行われるに際し、私の気持ちを表明させていただきます。

いわゆる従軍慰安婦問題は、当時の軍の関与の下に、多数の女性の名誉と尊厳を深く傷つけた問題でございました。私は、日本国の内閣総理大臣として改めて、いわゆる従軍慰安婦として数多の苦痛を経験され、心身にわたり癒しがたい傷を負われたすべての方々に対し、心からおわびと反省の気持ちを申し上げます。

我々は、過去の重みからも未来への責任からも逃げるわけにはまいりません。わが国としては、道義的な責任を痛感しつつ、おわびと反省の気持ちを踏まえ、過去の歴史を直視し、正しくこれを後世に伝えるとともに、いわれなき暴力など女性の名誉と尊厳に関わる諸問題にも積極的に取り組んでいかなければならないと考えております。

末筆ながら、皆様方のこれからの人生が安らかなものとなりますよう、心からお祈りしております。

敬具

平成八（1996）年

日本国内閣総理大臣　橋本龍太郎

総理の「お詫び」の手紙

たように、日本政府は韓国語訳でも最初「お詫び」を「謝過《サグア》」という比較的軽い意味の語に訳し、韓国やアジア女性基金から批判されてようやく「謝罪《サジエ》」と改めた。同じ種類の過ちである)。

しかし、冷静に検討するなら、この手紙を首相個人の私的な手紙と解するのはあきらかに誤りであることがわかる。

手紙は、「このたび、政府と国民が協力して進めている『女性のためのアジア平和国民基金』を通じ、元従軍慰安婦の方々へのわが国の国民的な償いが行われるに際し、私の気持ちを表明させていただきます」という文章のすぐ後で「私は、日本国の内閣総理大臣として改めて、いわゆる従軍慰安婦として数多の苦痛を経験され、心身にわたり癒しがたい傷を負われたすべての方々に対し、心からおわびと反省の気持ちを申し上げます」と明言している。そして、末尾には「日本国内閣総理大臣」という肩書きを明記し、総理自身が署名している。こうした内容、形式からして、この手紙はあきらかに正式の、国家を代表する内閣総理大臣のお詫びの手紙といわなければならない。

被害者はどう受け止めたか

実際、被害者一人ひとりに渡されたこの手紙は、多くの場合、受け取った人たちに深い満足感、尊厳の回復感を与えた。元「慰安婦」に償いを実施する際、基金の理事がこの手紙を読み上げると、多くの被害者が涙を流し、人によっては理事と抱き合い、手を取り合い、ほとばしるようにつらかった過去を語り、その後笑顔を示した。

韓国ではじめて基金の償いを受け取った七人の被害者の一人である金田きみ子さん（仮名）は、総理の手紙を受け取ったときの気持ちを次のように語っている。

「この手紙を読みますと、昔、日本軍に連行されて深い傷を負われたと、そしておわびをすると、そしてねぎらいたいというような話があります。私は、この手紙を受け取って涙を流しました。日本のあちこちのいろいろな集会で、様々な方にお話をしてまいりましたけれども、そういった私の活動が余り知られることもなく、そのまま闇に葬り去られるのではないかというふうな心配をした日もたくさんありましたし、そういうところで私の活動、私の努力が少しでも首相の元に知られたのかな、伝わったのかなというふうに思いまして、ほんとうに涙があふれ出ました」

金田さんはさらに、我々は責任から逃げるわけにはいかない、と書かれている段落について、「そこのところを拝見しまして、何と申しましょうか、こんなふうに私たちの事情を汲《く》み取ってくださる、私たちのことを分かってくださる方もいらっしゃるんだなというふうに思いまして、心安らかに思いました、そして涙が出ました」と語っている（大沼他編『「慰安婦」問題とアジア女性基金』一五二～一五三ページ）。金田さんはこのあとで、日本政府がそうした謝罪を示しながらその後誠意ある態度をとらなかったことを非難しているが、それは第4章でふれたアジア女性基金による償いという政策を決定した後に橋本内閣以降の日本政府がとった政策の問題である。日本を代表する総理大臣の、しかも明確に「心からのお詫びと反省」を述べた正式の手紙が、金田きみ子さんという被害者に大きな満足感を与えたことはあきらかである。

元「慰安婦」たちが総理のお詫びの手紙をどれほど強い気持ちで受け取ったかという点について、同様のエピソードは枚挙に暇《いとま》がない。一九九六年にフィリピンではじめて償いを受け入れたマリア・ロサ・ヘンソンさんたちは、償いを受け入れたとき、総理のお詫びの手紙を報道陣に高く掲げてみせた。その後も、ヘンソンさんはこのお詫びの手紙を額に入れて部屋に飾り、亡くなるまで訪ねてくる人に見せていた。台湾で被害者に償いを届けた下村満子理事は、「私が接した限り、ほとんどの方が、この手紙をいただいただけで私はもう死ねると。それから、先祖のお墓に入れてもらえると言っていました」と語っている（『オーラルヒストリー』二一七ページ）。

総理のお詫びの手紙は、むろん完全な償いとはいえない。そもそも、「慰安婦」といった、人間の尊厳の根源を否定される境遇におかれた人々にとって、完全な償いといったものはありえないだろう。それは後述するように、仮に「国家補償」がなされ、責任者が処罰された

総理のお詫びの手紙をかざすヘンソンさん（左）ともうひとりの元「慰安婦」（1996年８月14日）

としても、同じである。しかし、そもそもこうした類の謝罪の文書を出したがらない国家の指導者として、元「慰安婦」一人ひとりに書かれた総理のお詫びの手紙は、その内容において、また総理大臣が個々の被害者に出した公式の手紙であるという形式において、高い評価に値するものであった。

しかし、それだけ重要な意味をもつにもかかわらず、総理のお詫びの手紙は韓国では「正式のものではない」という否定的なイメージをもたれたままだった。日本でも国際社会でもその意義は十分意識されなかった。それは、なによりも政府の、そして第二次的にはアジア女性基金の、広報能力・広報活動の決定的な弱さによるものである。同時にそれは、政府を批判した学者やＮＧＯの「道義的責任ごまかし論」の誤りに由来するものである。さらにそれは、そうした「道義的責任ごまかし論」に引きずられ、そうした誤ったイメージを大々的に広め、定着させてしまったメディアの問題性をも示すものでもあった。

総理のお詫びの評価

世界各国で戦争や植民地支配にともなう問題で、かつて植民地支配、帝国主義政策を主導した欧米諸国の首相や大統領はいかなる態度をとってきたのだろうか。そもそも謝罪した例はすくないが、例外的に謝罪した場合、どういう仕方で、どういう文書のどういう表現で謝罪の気持ちを示したのだろうか。仮に「謝罪」したとニュースで報じられる場合であっても、その具体的表現はどういったものだったのだろう？

過去の戦争や植民地支配に限らず、各国政府はしばしば拷問、人種差別や性差別、大量殺害などの不正な行為を犯す。そうした行為の責任を追及された場合、それらの政府はみずからの責任をできるだけ回避しようと努める。それは、日本であれドイツであれ、米国であれ韓国であれ、変わらない。ただ、諸国の政府は、謝罪と反省の意を示すと受け取られる言葉遣いの首相、大統領、議会などの声明、書簡、決議などを発出、採択することにより、そうした問題を解決し、傷付いた自己のイメージの回復をはかろうとする。

こうした場合、もっとも多く用いられるのは、「regret（遺憾の意）」ということばである。諸国の政府が「apology（お詫び・謝罪）」、「remorse（反省・悔恨の念）」という重いことばを用いることは稀《まれ》である。そうした謝罪の意を含む、国家を代表する者の署名入りの手紙を個々の被害者に届けることはさらに稀である。

日本政府は「慰安婦」問題について、一九九二年一月、宮沢首相が韓国で「衷心よりお詫びしたい」と詫びて以来、九三年の河野官房長官談話で「従軍慰安婦として数多の苦痛を経験され、心身にわたり癒しがたい傷を負われたすべての方々に対し心からお詫びと反省の気持ち」を表明していた。一九九四年には村山首相が、八月三一日の総理談話で「心から深い反省とお詫びの気持ち」を表していた。総理のお詫びの手紙は、これらをふまえて「心からお詫びと反省（heartfelt apology and remorse）」ということばで、そして日本国を代表する内閣総理大臣という資格で、被害者個々人に謝罪したのである。

これは、諸国の謝罪の際の言葉遣いとの比較においても、またそうした謝罪を被害者個々人への総理の署名入りの手紙で表したことからしても、日本政府として大きな重みをもつ決断であった。その意義は過小評価してはならない。事実、そうした重みをもつ決断だったからこそ、三七ページに述べたように村山内閣から橋本内閣に代わったときに橋本首相は被害者個々人宛の総理のお詫びの手紙を書くことについて躊躇し、基金と内閣のあいだに極度の緊張が走ったのである。

橋本首相が、最終的にお詫びの手紙に署名したときにかたわらにいた古川官房副長官は、「事業開始にあたり、橋本首相が心をこめて筆で署名されたとき、そばで見ていましたが感無量でした」と語っている（『アジア女性基金ニュース』二六号）。総理のお詫びの手紙がもつ以上のような重みからすれば、この感想は政府の側にいる人間の率直な気持ちを表したものと考えられる。そして、こうした重大な意味をもつ総理のお詫びの手紙だったからこそ、それを受け取った元「慰安婦」たちは大きな感銘と満足感を示したのではなかろうか。

多様な被害者の認識

もちろん、すべての被害者が総理のお詫びの手紙を高く評価したわけではない。わたしにとって忘れがたいのは、フィリピンで会ったひとりの元「慰安婦」のケースである。わたしが、「総理のお詫びの手紙はどうでした？」と尋ねたのに対して、彼女は質問の意味が理解できないようだった。話を進めていくうちに、彼女にとっては償い金と医療福祉支援費という「お金」をもらえたことがなによりも大事なことであって、総理からのお詫びの手紙についてはほとんど関心がなかったことがわかった。

これは、総理のお詫びの手紙を喜んでもらえるだろうと考えていたわたしにとって、ひどくショッキングな体験であった。われわれがあれほど努力してようやく勝ち取った総理のお詫びの手紙は、被害者にとって受け取ったことも忘れてしまうようなものにすぎなかったのか。こうした悲しい、というより情けない、気持ちがした。ただ、よくよく考えてみると、このことは総理のお詫びの手紙の問題性を示すというより、わたし自身が言い続けてきた被害者の境遇と考えの多様性のあらわれを示すものだった。

多くの被害者にとって、自己の「慰安婦」という境遇は強いられたものであったにもかかわらず、戦後も親戚やまわりの人たちから性的な職業に携わった「慰安婦」として疎外され、あたかも自分が悪いことをしたかのような扱いを受けてきた。それは、みずからに尊厳を見出すことのできない暮らしだった。それが、日本の総理大臣という最高責任者のお詫びの手紙によって、「悪かったのは自分ではない。『慰安婦』制度をつくり、運営した日本が悪かったのだ」という「証明」をまわりの者にも、そしてなによりも自分自身に対して、もつことができた。

それは、自己の尊厳の回復そのものであり、自分自身を肯定できる瞬間だった。なればこそ、多くの被害者は総理のお詫びの手紙になによりも喜びを見出したのである。

だが、被害者のなかには、「なによりもお金が欲しい」「お金さえもらえればあとはどうでもいい」というほど困窮した人もいた。そうした人にとっては、総理からのお詫びの手紙やその内容は問題ではなかった。なによりも償い金と医療福祉支援費というお金を受け取り、自分の病気を治したり、いままでできなかった物質的に余裕のある生活を送ることがたいせつだったのである。

総理のお詫びの手紙を脳裏にとどめていない被害者がいたという事実は、元「慰安婦」もわたしたちと同じひとりの人間であり、人間が多様であるように、彼女らの暮らしも考えもまた多様であることの証《あかし》であった。「被害者は総理のお詫びの手紙を喜んでくれるはずだ」と思い込んでいたわたし自身、わたしが説いてきた人間の多様性という現実を忘れていたのである。

国際社会と総理のお詫び

元「慰安婦」の方々への総理のお詫びは、以上のような歴史的・国際的比較、受け取った被害者の境遇、その反応と評価を十分検討して理解したうえで、評価すべきものである。元「慰安婦」へのお詫びの手紙が総理の公の手紙である以上、一般市民のものと異なり、自己が代表する国家の利益を第一に考え、また政治家としての計算がその中身に反映するのは当然である。そうした考慮は、世界的に賞賛されたドイツのヴァイツゼッカー大統領の演説にも、第二次大戦中強制収容された日系米国人に詫びたブッシュ大統領の手紙にも、必ずあったはずである。

重要なことは、そうした国家指導者の行動がもつ政治的性格は当然の前提としたうえで、その内容を道義的観点からいかに評価すべきかを冷静に考えることである。「日本の首相がまともなお詫びをするはずがない」といった予断をもってでなく、以上に述べたような、総理の手紙にまったく関心を示さない被害者もいたという事実を含むさまざまな事実を考慮に入れたうえで、虚心かつ公正な態度で判断することがたいせつなのである。

わたし自身は、一九九六年の橋本総理以来、日本の歴代の首相が右に述べた重みをもつお詫びの手紙を元「慰安婦」個々人に送り続けたことは、日本や諸外国の同様の事態におけるお詫びのあり方との比較においても、受け取った被害者の多くがこれを高く評価したことからしても、道義的責任のとり方として高い評価に値するものであったと考える。

自民党政府の一部に根強かった意見に従って総理のお詫びの手紙を出さなかったとしたら、日本に対する被害者の怨念はますます深まっていただろう。すでに徹底した不信の目で見られていた日本の信用は、文字通り地に落ちていただろう。「戦争責任を認めない日本」という諸国で広範に抱かれているネガティブなイメージは、さらに強化されていただろう。二〇〇七年初めに米国議会に「慰安婦」問題に関する決議案が上程され、それへの対応をめぐって安倍首相が国際的に非難されるといった事態が生じたとき、歴代首相がお詫びの手紙を送っていなかったなら、日本の立場ははるかに厳しいものになっていたに違いない。

「慰安婦」問題は、一九九〇年代から国連の人権委員会小委員会やＩＬＯでしばしばとりあげられ、論議された。九〇年代のフェミニズムの勃興という時代の潮流のなかで、多くのＮ

GOは日本を激しく批判した。人権委員会小委員会のメンバーや国連人権高等弁務官は、人権の保護・促進に強い信念をもつ人たちであり、彼（女）らは当然日本に厳しい目を注いだ。しかし、こうした人権の専門家の多くは、一方で日本政府の誠実な対応を要求しつつも、他方で日本の償いのあり方に一定の理解を示した。それは、彼（女）らが、総理によるお詫びの手紙と償い金、医療福祉支援費を被害者個々人に届けるといった償いの措置をとる国はほとんどない、という国際社会の厳しい現実を熟知していたからである。彼（女）らは、一国の最高指導者が過去の自国のおこないについて「心からのお詫びと反省」という重い表現で謝罪のことばを述べ、しかもそれを一人ひとりの被害者に届けるということがいかに異例であり、国家として大きな決断であるかを承知している。なればこそ、人権高等弁務官や人権委員会小委員会のメンバーは、「慰安婦」問題という日本にとってきわめて評判の悪い問題で、総理のお詫びの手紙を含む償いのあり方にそれなりの日本の誠意を認め、日本の対応に一定の評価を与えたのである。

理想の追求と評価のあり方

現につくられた総理のお詫びの手紙が理想的な謝罪であったわけではない。わたし自身を含め、基金の内部にも、もっと真摯なお詫びが伝わる人間的な文章であって欲しかった、代表的な数人でよいから、被害者自身に総理みずからがお詫びの手紙を手渡して欲しかった、など、さまざまな思いがあった。

しかし、そもそも国家の政府という、責任を認めたがらない主体が、これだけのことをしたのは異例のことである。それを評価して、被害者に総理のお詫びの手紙を届け、彼女らの尊厳の回復、積年の思いの実現の一助となりたい。これが基金関係者の気持ちだった。そしてこれまで述べてきたように、多くの被害者は素直に総理のお詫びの手紙を喜んでくれたのである。

日本政府の責任を追及してきた支援団体やＮＧＯも、道義的責任は法的責任より劣るという謬見《びゅうけん》に固執することなく、総理のお詫びの手紙を含む償いの意義を素直に認め、法的責任は追及しつつ、他方でそうした償いを受け入れるよう、元「慰安婦」たちに助言すべきではなかったろうか。そうすれば、そうした人々の強い影響下にあった被害者のかなりの人たちは、法的責任を問う裁判は継続しつつも、アジア女性基金による償いを受け入れることによってそれなりの満足感を味わえたのではないか。すくなくとも、基金による償いを拒絶し、裁判を続け、特別立法に期待し、一〇年以上経ってそのどれも得られないという悲惨な状態に陥ることは避けられたのではなかろうか。多くの支援団体、ＮＧＯ、弁護士たちにこうした柔軟な発想がなかったことは、かえすがえすも残念なことだった。

ある元「慰安婦」は、一貫して基金の償いを拒否してきたが、あるとき総理のお詫びの手紙の内容を聞いてショックを受け、「日本の総理がそんな手紙を書くはずがない」と語ったという。「書くはずがない」と言った彼女のこれまでの人生がどのようなものであったか、それを考えると胸塞《ふた》がれるものがある。しかし、なればこそ、彼女のまわりにいた人たちは、右に述べた選択肢があることをくりかえし丁寧に語って、彼女の無限の不信感と猜疑心を解いてやるべきではなかったのか。あまりに無念なエピソードと言うほかない。

日本政府とアジア女性基金が償いの理念と意義を十分な広報・説得活動を通じて伝えることができなかったこと、多くの支援団体やNGOがあまりにこわばった姿勢で基金による償いを拒否し続けたこと、そしてメディアが基金による償いの偽瞞性というイメージを津々浦々に広めてしまったことが、被害者からそうした機会を奪ったのである。

償いの失敗があったとしたら——実際失敗の面があったことは、これまで種々述べてきたとおりである——、その責めの一半は日本政府と基金が負わなければならない。それはたしかである。しかし同時に、村山内閣を含む日本政府への過剰な不信と裁判所への根拠なき幻想を抱き続け、「法的責任は道義的責任に優る」といった謬見を信じ込み、基金と共同戦線を組んで日本政府に迫り、償いをすこしでもマシなものにするという道を選ばなかった多くの支援団体、NGO、メディアもまた、みずからを顧みるべき点が多々あるのではなかろうか。そうした自省的な態度が、二一世紀の公共性の担い手として期待されるメディアとNGOに強く求められているのではないだろうか。

V　新しい公共性の担い手とは

政府＝公、国民＝民間か

アジア女性基金は日本政府が法的責任を認めないことをごまかす隠れ蓑だという非難と一体をなす批判として説かれたのは、基金は民間基金だから元「慰安婦」が願う「国家」補償の主体とはなり得ないという主張だった。韓国の一部のNGOは、日本の国民からの拠金は、政府の責任をあいまいにする不道徳なお金であるから被害者は受け取るべきでない、とまで主張した（金聖在「和田春樹先生宛手紙」〈『創作と批評』における往復書簡〉『インパクション』一〇七号、一九九八年、四五～四六ページ）。韓国、日本、台湾その他の国のメディアも、そうした主張を十分検討することなくそのまま報じることが多かった。

こうした主張にあっては、国家は政府と等値されている。しかし、そのように政府を公共性の唯一の担い手と見ることこそ、これまでメディアやNGOが批判してきた発想だったはずである。一方でNGOやメディアが社会ではたす公の役割を強調しながら、問題がこと元「慰安婦」への公の償いの問題になると、アジア女性基金は「民間団体だから」償いの主体となり得ないと主張する。これはあきらかに矛盾した態度ではないか。

たしかに国際法上政府は国家を代表する。国内でも、政府はしばしば国家そのものとして立ち現れる。しかし、それでは政府は国家を隅から隅まで覆い尽くし、わたしたち国民には国家にかかわるものはなにも残されていないのか。そんなことはない。

国家は権力機構（state, etat）であるとともに、国民の総体（nation）でもある。わたしたちが選挙権を行使するとき、わたしたちは民間人という私的主体としてではなく、国民＝能動的市民（citizen, citoyen）として行動する公的主体である。同様に、国政に関する意見を公にし、デモ行進を行い、政府や国会議員に申し入れをするとき、わたしたちは民間人＝私人としてではなく、国家構成員＝能動的市民という公的主体として行動している。

ところが、アジア女性基金は、「政府（＝官！）」でないから「民」とされてしまった。そうした「官対民」の発想を批判し、政府とは異なる、しかし人権保障といった重要な公共性の担い手として働いているNGOさえ、また日々情報の公共的担い手として働いているメディアさえ、アジア女性基金を「民間」基金と言ってあやしまなかった。基金批判派はアジア女性基金の正式名称である「女性のためのアジア平和国民基金」を「国民基金」と略称したが、そこでの「国民」は民間人であって、補償の主体たり得ないものとされた。わたしたちは私人・民間人であると同時に国民・市民として公共的役割をはたす存在だという思想・感覚は、すっぽり抜け落ちていたのである。

アジア女性基金は、日本国民が政府とともに日本国の道義的責任をはたすという公的目的をもって政府と市民によって創られ、事務局経費は政府予算によって支弁され、総理のお詫びの手紙と政府の予算から支出される医療福祉支援費、さらに日本国の道義的責任をはたすための日本国民の拠金を被害者に届けることを任務とする組織であった。これは、公的存在としての国民と政府とがともに働く公的協働機関にほかならない。一般のNGOに比べてもその公的性格は際立っている。アジア女性基金が「民間基金」だから日本という国家が犯した罪を償う主体となり得ないという主張は、あきらかに「国家＝政府＝官」「国民＝民間＝民」という伝統的な「官民」意識に囚われた考え方である。それは端的に誤りである（大沼『東京裁判、戦争責任、戦後責任』第Ⅱ部④「慰安婦」問題、参照）。

上野千鶴子氏は、こうしたわたしの主張を「現実には達成されない政治的理想主義」と批判した（上野『生き延びるための思想』二一八ページ）。わたしは上野氏の学問的業績を高く評価するが、公共性に関するわたしの主張が「達成されない政治的理想主義」なら、上野氏のラディカルなフェミニズムは「すぐに達成できる現実主義」なのだろうか。冷徹な現実認識を踏まえた政治的理想主義こそ、社会を望ましい方向に変えていく思想ではないか。「現実には達成されない政治的理想主義」というできあいの、手垢のついたことばによるわたしの公共性論の批判は、優れた社会学者の上野氏の論とは思われない。

アジア女性基金は「民間」基金であり、基金からの「見舞金」「慰労金」は国家補償を免れさせるごまかしであるといった議論は、およそ公共的存在としての国民の活動と責任のはたし方を認めず、国家と公共性を「政府＝官」の狭い枠に閉じ込める貧しい発想が生んだ主張であったというほかない。

「基金＝公共性の担い手」論の意義

ただ、「公共性の担い手」に関するわたしのこうした主張は、「慰安婦」問題の文脈では、残念ながら十分な理解を得ることができなかった。アジア女性基金のなかでさえ十分に理解されたとはいえないし、日本、韓国のＮＧＯやメディアでも理解を得ることはできなかった。基金関係者をはじめ、「慰安婦」問題について償いを主張する多くの人は、「本来は国家賠償ないし補償が望ましいが、それができないからやむを得ずアジア女性基金というかたちで償いをする」という言い方をした。

わたしも、政治力学の面からそういう一面があったことは否定しない。それはこれまでくりかえし述べてきた通りである。しかし、それでは政府がすべて税金を財源にして「国家補償」を行い、国民からの拠金、お詫びという償いへの参加なしに問題を「解決」したほうがよかったのだろうか。わたしはそうは思わない。

国民参加による償いというかたちなしに政府が補償を支払うなら、多くの国民は政府が補償を支払ったという事実を報じるメディアを通して、そのときは「なるほど」と思うかもしれない。しかし、そうした国民の自発的参加なしに政府から払われた「国家補償」の事実は、多くの国民にとって「他人事《ひとごと》」としてすぐに忘れられてしまうだろう。

アジア女性基金の償いのかたちは、数十万規模の国民が拠金し、そのなかには心からの謝罪、反省の手紙、ことばが添えられているというものであった。それは、国民が自分自身、戦友、祖父、父、叔父、夫、兄弟が犯した日本という国家の犯罪の責任を、戦後そのことに気付いたときに、みずからの主体的意思にもとづいてはたすという行為であった。

日本人は、みずからがいかに「個人」であり、「女」であり、その他さまざまなアイデンティティの持ち主であると主張したところで、「あなたは『慰安婦』制度という制度を生み、運営した日本の遺産を受け継ぐ日本の一員でしょう？」という問いに対しては、「そうです」と答えざるを得ない。アジア女性基金による償いとは、そうした過去の遺産を引き継ぐ日本人が、国家がはたすべき責任を国家の一員として政府とともに分かち合う行為であった。

それは、公共性の担い手としての市民＝国民＝公民の具体的なあり方を、「慰安婦」制度の犠牲者への償いというかたちで示すものだったのである。

日本人として胸を張って生きるために

言うまでもなく、現在の日本は「慰安婦」制度という負の遺産を引き継ぐだけの国ではない。それは、白人支配・欧米人優位の現実と神話が支配した一九世紀から二〇世紀の世界において、そうした白人支配・優位を打ち破るのに大きな功績があり、限りない希望を世界の諸民族に与えた国家である。それは、戦後、平和で、安全で、清潔で、他の国にはとうてい見られない信頼性の高い社会的サービスを提供し、貧しい国々に巨額の経済援助と技術援助を与え、自国の利益追求のため軍事力を行使することなく、高度の科学技術をもつにもかかわらず武器輸出を控えて「死の商人」として稼ぐことを抑制してきた、世界に誇るべき国である。日本はそうした数々の長所をもつ国家である。

「慰安婦」制度とは、そうした優れた国、世界に誇るべき数々の美点をもつ日本が、たまたまある時期犯してしまったひとつの過ちであり、負の遺産である。日本国民は、そうした優れた長所をもつ国の一員であることの誇りをもつとともに、完璧な人間、完全な社会、無謬の国家はないという自覚をもって、過去の償いを国家の一員としてはたすべきである。そしてそのようにみずからの過ちを認めることができる国民こそ、真にみずからを誇りうる国民なのである。

こうした考えは、「官対民」という二分法の発想がまだまだ強固な多くのメディアや学者のあいだでは受け入れにくいものだったのだろう。上野氏のような優れた学者でさえ、わたしの主張を「現実には達成されない政治的理想主義」という紋切り型のことばで切って捨てたことは、このことを裏書きする。

しかし、二〇〇七年一月二五日付『朝日新聞』に示された世論調査は、愛国心と過去への反省について興味深い事実を教えてくれる。その調査は、愛国心と過去への反省が対立するものではなく、むしろ愛国心の強い人ほど過去への反省が強く、そうした人たちが多数を占めることを示している。このことはわたし自身の経験とも合致する。つまり、わたしがこうした考えをじっくりと、時間をかけて語ると、この考えに共鳴してくれる人もすくなくなかったのである。

たとえば、わたしが米国のコロンビア大学で「慰安婦」問題について講演したとき、聴衆の多くは、アジア、南北アメリカ、欧州、アフリカなど、出身地の違いを超えてわたしの考えに賛同してくれた。英米仏伊、ロシア、スペイン、ポルトガルなど、ほとんどの先進国が、過去の植民地支配、侵略戦争の償いを行っていないなかで、日本が政府と国民との協働という、他国に例をみないかたちで償いを行ったことを高く評価してくれた。ひとりだけ、同大で学んでいた韓国の若手外交官が、「アジア女性基金の公的性格と基金関係者の努力は疑わないが、結局あなた方は責任を認めようとしない日本政府に利用されたのではないか」と食い下がった。わたしは、「日本政府の一部に基金を利用しようという考えがあったことはたしかだろう。だが、わたしたちが政府に利用されたかどうかは重要な問題でない。仮にわたしたちが利用されたとしても、その結果元『慰安婦』になにほどかのことができたのであれば、それでよいではないか」と答えた。彼は頷《うなず》いてくれた。

二一世紀に、国家、ましてや政府の官僚が公共性を独占するという領域や活動は、今日よりさらに縮減していくだろう。二一世紀は、企業、メディア、NGOといった非政府主体の公共的役割と意義がますます高まっていく時代になるだろう。アジア女性基金の償いは、過去の国家の罪責を、後の世代の政府と公共的主体としての国民＝市民＝公民が分かち合ってはたすという、国際的にも新しい、時代を先取りする公共的な営為だった。それがわたしの考えである。

終章　二一世紀の日本社会のあり方

I　中国、韓国とのつき合い方

国家補償なら成功だったか

アジア女性基金の償いに最初から理解を示し、これを積極的に受け入れた被害者は皆無だった。また、基金の償いを受け入れた被害者が、その内容とかたちにこのうえない満足感をもって償いを受け入れたわけでもない。償いを受け取った被害者の一部は、その後も日本の法的責任を追及して裁判を続けた。受け取った額のすくなさに不満を述べる元「慰安婦」も多かった。犯罪者の処罰や天皇の謝罪を求め続けた人もいた。

ただ、償いを受け取ったこと自体を後悔し、アジア女性基金による償いを非難し続けた人は、ほとんどいなかった。韓国社会の反日ナショナリズムによって償いを受け取ったことを隠さざるを得なかった人も、基金の関係者には「償いを受け取ってよかった」と語り、感謝を示してくれるケースが多かった。第三者に「償いを受け取ってよかった」という感想をもらし、それを基金関係者が伝え聞くというケースもあった。

アジア女性基金から償いを受け取った元「慰安婦」たちは、わたしたちには計り知ることもできない口惜しさと、悔いと、恨みと、ほんのわずかの――あるいは束の間の――満足感と尊厳の回復感と、その他無数の複雑な感情をもって償いを受け取ったのではなかろうか。彼女たちのその後の人生も、そうしたさまざまな感情が入り混じった、とてもひとことでは言い尽くせないものだったに違いない。それは本書でくりかえし語ってきた通りである。

アジア女性基金を批判してきた人たちの主張する「国家補償」だったら、もっと彼女らの満足感は大きかったろうか。おそらくそうだろう。主張の当否はともかく、あれほど「法的責任を認める国家補償がよいものであり、『民間基金』による見舞金や総理の手紙は私的なもので、公的な謝罪ではない」という主張が広範にくりかえしなされ、そうした論調がメディアを覆ってしまったなかでは、元「慰安婦」たちはそう信じ込むしかなかった。「国家補償」が実現したなら、彼女らが基金による償いよりもそれをありがたがっただろうことは想像に難くない。

しかし、これまでくりかえし述べてきたように、「国家補償」は当初から実現可能性のきわめて低い目標だった。本書の執筆最終時点（二〇〇七年春）まで、それは実現していないし、今後も実現する見通しは小さい。仮にそれを措《お》いたとしても、つまり万一国家補償が実現したとしても、元「慰安婦」たちが完全に満足することは決してなかっただろう。このことははっきりと認識しておかなければならない。

償いきれないものの償い

彼女たちが完全に満足できるものは、もしあり得るとすれば、「慰安婦」にされる以前の自分に戻ることしかない。実際、何人もの被害者が「わたしの青春を返してくれ」という言い方をした。「慰安婦」制度というような極限的な非人道的な扱いを長年受けた被害者にとって、「国家補償」を含むいかなる事後的な「補償」も「償い」も、「謝罪」も「処罰」も、十全の意味での償いにはなり得ないのである。

くりかえし述べてきたように、被害者の気持ちは多様だった。かなりの人は、天皇に謝ってもらいたいという希望をもっていた。なによりも責任者を罰してもらいたいと願う人もいた。補償は五〇〇万円などという「はした金」でなく、もっともっともらいたい、という被害者もいた。戦後いわれなく自分を蔑《さげす》んできた親族縁者やまわりの者に謝らせたい、そういう気持ちを強くもっている人もいた。

ただ、彼女らの多くは、人生とは自分の思うようにならないものであり、そうした希望がおそらく実現することのない無理な願いであることもまた知っていたのではなかろうか。それは、元「慰安婦」に限らず、社会に生きているわたしたちすべてが人生を生き、年齢を重ねていくなかで学ぶことである。わたしたちはみな、そうした「叶うことなき希望」と折り合いをつけ、他方で自分の人生のなかでようやく叶えることができた小さな願いをたいせつなものとし、それを喜び、その思いを抱いてみずからのかけがえのない人生を生きていくのである。

こうした点から見れば、「国家補償」とは、実はどれをとっても完全な償いはあり得ない多様な「償い」のなかで、相対的には「基金による償い」よりはましな、しかし実現可能性のきわめて乏しい、ひとつの償いのあり方だったことがわかる。

にもかかわらず、多くの学者やNGO、メディアの担い手は、あたかも国家補償だけが唯一無二の被害者の意思であり、それが実現しなければ「慰安婦」問題の解決はあり得ないという言い方をした。そうした主張は、法的責任と道義的責任の関係、政治的力関係や司法府のあり方、メディアや運動体の力に関する冷静な認識と評価を欠いた、ある種の思い込みだったのではないか。それは、多くの被害者に裁判と特別立法による解決への期待を最後まで抱かせ、最後の最後になってその期待を裏切ってしまうという、取り返しのつかない結果をもたらしたのではなかったか。

「慰安婦」問題が残したこと

「慰安婦」制度の犠牲者は、アジア女性基金が償いを実施した国々のほかにも、中国、北朝鮮、ヴェトナム、シンガポール、マレーシアなど、第二次世界大戦中日本軍が戦い、占領した多くの地域にちらばっている。しかし、償いが実施されたのは、きわめて不十分なかたちに終わったインドネシアを入れたとしても、わずか五つの国・地域である。こうした事実を考えるなら、日本政府とアジア女性基金が行った償いがまったく不十分であったことはいうまでもない。日本人「慰安婦」がもっとも多かったという説さえあるなかで、日本では一人も名乗り出る元「慰安婦」はおらず、基金による償いもなされなかった。このことも心にとどめておかなければならない。

他方、こうした国・地域の被害者のなかには、NGOや弁護団の助けを受けて「慰安婦」制度による被害の補償を求めて裁判に訴えた人もすくなくないが、裁判で被害者の主張を実現できた例は皆無である。その意味では、アジア女性基金が無力だったように、NGOや弁護士たちも無力だったのである。こうした問題を報じ、日本政府に圧力をかけることによってそうした被害者の力になろうとしたメディアも、その点では無力だった。

このことは、「慰安婦」問題を考えるうえでもうひとつの大きな問題をわたしたちに投げかける。すくなくとも一九九〇年代には、「慰安婦」問題は日本で広く知られ、報じられ、論じられた。そこでの「慰安婦」問題は、多くの場合韓国の「慰安婦」問題として意識され、メディアも学者もNGOも、その多くは「慰安婦」問題を韓国人元「慰安婦」への対応、とくに彼女らに対する国家補償の是非というかたちで考え、報じ、論じた。しかし、そうした問題の捉え方自体、「慰安婦」問題の全体からみれば、ごく一面にすぎなかった。韓国以外にも、「慰安婦」制度の犠牲者は数多く存在したのである。

問題はさらに根源的な問いを含んでいる。一一～一二ページでわたしは、「数ある戦後責任にかかわる問題のなかで、なぜ村山内閣は『慰安婦』問題だけをとりあげるのか」という苦しい決断について記した。ここには大きな問題がひそんでいる。

たしかに、「慰安婦」制度は間違いなく女性の尊厳を蹂躙する重大な人権侵害であり、その設置・運営は第二次大戦当時でさえ処罰さるべき犯罪行為だった。償いをなすべきことに疑問の余地はなかった。

しかし、第二次大戦で大日本帝国が犯した犯罪行為はそれだけではない。中国をはじめあらゆる作戦地域、占領地域で犯した民間人の殺戮《さつりく》、傷害、強姦。捕虜への拷問と即決処刑。インパール作戦に代表される、無責任な作戦立案・実施による無数の日本兵の斃死《へいし》。その他の無数の罪となるべき行為を、日本は一九三一年から四五年の戦争で犯してしまったのである。「慰安婦」問題は日本の代表的な蛮行として喧伝されたが、それは戦争のなかで犯された無数の蛮行のひとつだったにすぎない。

この事実は、仮に「慰安婦」問題が被害者たちやその本国に全面的に評価されるようなかたちで解決されていたとしても――過去の悪行の完全な償いがあり得ないことはくりかえし述べてきた通りであり、そうしたことは考えられないが――、それを手放しで喜ぶといったことはあり得ない、あってはならないことを示している。「慰安婦」問題の「解決」の背後には、メディアにもとりあげられず、それゆえあたかも存在しなかったように放置されている無数の類似の問題が隠されているのである。

韓国NGOの反日ナショナリズム

「慰安婦」問題について被害者を支え、運動を担った多くのNGOは、正義感の強い、献身的な人々であった。韓国挺身隊問題対策協議会（挺対協）を代表とするNGOには、みずからが正義を追求し、また正義を体現しているという強烈な自負があった。

しかし、特定の問題に特化され、政治問題の解決を志向する「正義」は大きな危険性をはらんでいる。そうした強烈な正義感は、しばしば自己の主張以外は認めない独善性と狭量さを生む。また、韓国の「慰安婦」問題にかかわるNGOとメディアは、しばしば反日ナショナリズムと結び付いていた。彼（女）らは、およそ日本政府のやることは信用できない、アジア女性基金も日本政府がつくったものだから信用できない、という先入観と思い込みに縛られて発言し、行動する傾向がきわめて強かった。

挺対協共同代表の一人だった尹貞玉氏は、「ほんとうに筋の通った解決」のためには問題の解決に五〇年、一〇〇年かかってもかまわないと主張した（『国民基金』は何を理解していないか」『世界』一九九七年一一月号）。これは、「慰安婦」制度は「当時の朝鮮に対する政策として行われた」のだから「民族全体の名誉とも関係がある」のであって、「私たち全体の、歴史の流れの中の問題なのです」（同一二八ページ）というナショナリズムの立場に、被害者個々人のかけがえのない生を従属させる主張と言わなければならない。

それまで挺対協の主張を支持してきた日本の学者やNGOのなかでも、さすがに尹氏のこうした発言への疑問が提起された（たとえば、『インパクション』〈一〇七号、一九九八年〉における藤目ゆき、鈴木裕子、加納実紀代「女性史と『慰安婦』問題」での加納氏の発言〈一二七〜一二八ページ〉、同誌の和田春樹・西野留美子対談〈六〜三四ページ〉における西野氏の発言など）。

しかし、全体として尹氏の発言は、彼女の個人的な献身やアジア女性基金の不当性などを理由に擁護される傾向が強かった。「慰安婦」問題にかかわった多くの学者、NGOと、大手の新聞やテレビなど、一般市民に影響力のあるメディアは、みずからが創り出した「加害国対被害国」という国家を単位とする図式に囚われ、韓国の過剰な反日ナショナリズムと独善的な主張を、「加害国の人間である日本人は被害国側の主張が誤りであっても公に批判すべきでない」という暗黙の思いから目をつむる傾向が強かった。

上野千鶴子氏は、韓国のNGOをアジア女性基金のわたしが批判することは、最初に殴った側が、殴られて怒った側に、怒り方が悪いというのと同じだから許されないと主張した（上野『生き延びるための思想』二二二ページ）。こうした考えは、上野氏に限らず、韓国、中国など、かつて日本が侵略し、植民地支配した国とかかわる「左」や「リベラル」な論者、NGO、メディアの担い手に多かれ少なかれ共通するものだった。「歴史認識」をめぐる議論において、こうした日本の知識人やメディアの傾向は、二〇世紀後半を通して広くうかがわれた。

中韓への建設的批判の不在

わたしは、そうした姿勢は間違いであり、「左」や「リベラル」の学者やメディア、NGOこそ率直に韓国の論者と論争し、そのことによって日韓のより率直な、より他人行儀でない健全な関係を構築するよう、努力すべきだと思う。

日本人が韓国にかかわる問題を論ずるとき、日本がかつて韓国を植民地支配したという事実を意識せざるを得ない。そこに漠たる贖罪《しょくざい》感が生じる。ある特定の韓国人の主張が間違いであるとわかっていても、それを指摘して反論することに躊躇《ちゅうちょ》する。わたし自身、一九七〇年代はじめに在日韓国・朝鮮人問題を研究しはじめてから一〇年くらいのあいだは、「加害国の一員」という意識が強く、在日韓国・朝鮮人や韓国の知識人の議論があきらかに誤ったものであっても、なかなか正面から反論することができなかった。

しかし、こうした態度は、一見韓国（人）を尊重するように見えながら、実は韓国（人）を成熟した、対等な関係にある大人として見ない、倒錯した態度なのではないか。そうした「賛成はしないが反論もしない」という不作為の態度は、韓国や中国との論争を嫌韓派、嫌中派に委ねてしまい、極端な感情的反発がさらなる感情的反発を招くという悪循環をつくりだすことに消極的に加担することになったのではないか。それは、韓国や中国側のあきらかに誤った主張にさえ反論を控えることによって、それを不満に思うごくあたり前の日本の市民の「左」や「リベラル」な論者への不満と不信を招き、「嫌韓・嫌中派」への同感と支持を助成し、日韓、日中の和解をかえって妨げる結果をもたらしたのではないか。

日本のメディアで韓国の反日ナショナリズムや中国の愛国主義を批判するのは、一般に『諸君！』『正論』『SAPIO』などの「右寄り」のものに限られがちである。そうした右派のメディアは、しばしば感情的な嫌韓・嫌中論に走り、対立を煽り立てる傾向が強い。

一九九〇年代の日韓、日中関係の悪化は、リベラル、穏健な保守派が沈黙するなかで、双方のナショナリスティックな部分が感情的に相手側を攻撃し合い、それがさらなる反発を呼ぶという悪循環によるものが多かった。こうした悪循環を克服するためには、みずからを顧みて過去の過ちを率直に認めるリベラルな精神をもった論者が、自己批判をふまえたうえで、韓国や中国側のあきらかに不当な主張、誤った議論には節度をもって丁寧に反論するという姿勢が強く求められるのである。

俗人であることを認めて

「慰安婦」問題との関連でいえば、日本が「殴った」のは韓国の被害者だけではない。オランダの被害者も、フィリピンの被害者も、日本に「殴られた」。そうでありながら、両国のNGOは韓国のNGOとは違って被害者個々人を尊重する態度を示した。それは、両国のNGOが、実際に「殴られた」被害者の立場と利益をなによりも重視し、自らを「殴られた」側に置くナショナリスティックな対日特権化を控えたからである。これに対して、「慰安婦」問題にかかわった韓国の知識人やNGOのなかには、反日ナショナリズムから肝心の被害者の利益を無視し、狭量で独善的な「正義」を言い募る人がすくなくなかった。

韓国全体を批判するのではなく、個々の誤った主張を批判し、そうした主張を許す韓国社会の問題性を指摘する。と同時に、そうした思い込みの一因が日本による植民地支配への彼(女)らの深い恨《ハン》にあることを日本の側が理解する。こうした幾重にも重なった、多面的で奥深い認識がたいせつであり、そうしたきめ細かな議論をする姿勢が求められるのではなかろうか。

加害の事実の意識はたいせつである。しかし、「殴った側が言うべきでない」という理由で韓国人への反論がおよそ許されないといった主張、「無限に頭《こうべ》を垂れる」といった主張は、あまりに無理の多い過剰な倫理主義であり、空疎である。そうした過剰な倫理主義は、日本人であれ韓国人であれ、どの国の人であれ、社会の大多数を占める俗人が日々はたしうるものではない。不可能なことは倫理たり得ず、人に要求すべきでない。

自分ができもしない、不自然で過剰な倫理主義の要求、知識人のいやらしさが臭う、もっともらしいがその実、空疎な論理こそ、戦後責任や戦後補償の主張をウソっぽいものにし、日本の一般市民の反発を招き、日韓の率直な、幅広い、深みのある友好を妨げてきたのではないか。「加害国対被害国」という国を単位とする一枚岩的な図式、韓国や中国の主張には反論してはならないといった過剰な倫理主義は、日中双方、日韓双方の自制のきいた、しかし社会は基本的に俗人からなることを自覚した議論の積み重ねによって、一歩一歩克服していかなければならない。

アジア女性基金を批判し、わたしを「最初に殴った側」が韓国側を批判することは許されないと批判した上野氏も、朴裕河『和解のために』に寄せた「あえて火中の栗を拾う」では、日本の「良心的」な女性団体が韓国内の女性団体のナショナリズムを指摘することを躊躇し、「加害者国民意識」からかえってそれに全面的に同調する道を選んだことに疑問を呈し（同書二四七ページ）、「将来行われることになるはずの『慰安婦』問題についての歴史的検証のなかには、『国民基金』の総括だけでなく、日韓の運動体の果たした役割とその問題点をも《［ママ］》、含まれるべきであろう」と述べている（同書二四八ページ）。

アジア女性基金を批判してきた上野氏のこの指摘は貴重である。別に「良心的」でなくてよい。社会を構成する俗人がみてウソっぽくない、無理のない視点からの多面的な検証を心から期待したい。

II　日本社会の可能性

市民運動の意義

本書でわたしは、アジア女性基金がなし得なかったこと、さらに「慰安婦」問題にかかわったNGO、メディア、学者などの問題点を、さらに「慰安婦」問題やその「解決」という発想に含まれる問題点を多々指摘してきた。基金にも、さらにNGOやメディアに対しても厳しい意見をあえて記すのは、こうした批判と自省を経てこそ、NGOやメディアは責任をもった公的主体として二一世紀の日本で、国際社会で活躍してくれるはずだ、と信ずるからにほかならない。

視点をすこし変えてみるなら、本書で批判してきた支援団体やNGO、被害者や支援団体の声を伝え続けたメディア、「慰安婦」問題の解決を訴えた学者や弁護士たちの活動は、大きな歴史的意義を有していた。

「慰安婦」問題が一九九〇年代に世界中で知られ、日本政府が具体的な行動をとらざるを得ない状況を創り出したきっかけは、金学順さんが名乗り出てそれまでの日本政府の国会答弁の不誠実さが露呈され、さらに元「慰安婦」を含む被害者が一九九一年一二月に東京地裁に訴訟を提起したことだった。そこにいたるまで、彼女らを支え、メディアに「慰安婦」問題を知らせ、世論を喚起し、日本政府による具体的解決の約束という展開をもたらしたのは、ごく一部の学者、支援団体、人権NGOなどの献身的な活動だった。こうした一連の動きがなければ――残念なことではあるが――、日本政府は決して「慰安婦」問題に取り組もうとはしなかっただろう。アジア女性基金による償いも行われなかっただろう。

このように、少数の学者や支援団体、NGO、その動きを報じたメディアの活動は、「慰安婦」問題を社会問題として提起し、日本の責任を問い、韓国、日本、さらに国際社会の世論を動かして日本政府をはじめ諸国の政府に解決すべき問題として認知させ、日本政府と日本の国民からはアジア女性基金による償い、韓国・台湾政府からは多額の生活支援金の支給を引き出したのである。そうした意味では、これらのNGOとメディアの活動は巨大な成功をおさめたのである。

「慰安婦」問題が一九九一年に「メジャーな」問題となる以前に被害者を支え、世論に訴えてきた支援者たちの活動は、絶望的なものだったに違いない。わたし自身、四〇年近く在日韓国・朝鮮人問題やサハリン残留朝鮮人永住帰還運動といった、社会の注目を引かないマイナーな市民運動を担ってきた一員として、その苦しみはよくわかるつもりである。そうした地道な取り組みの積み重ねがあればこそ、「慰安婦」問題は一九九〇年代に世界的な注目を引く巨大な「問題」となったのである。

日本の戦後責任、戦後補償にかかわる問題で、「慰安婦」問題ほど世界的な関心を集め、メディアの注目を引き、日本政府の本格的な対応を引き出したものはない。一一～一二ページで述べたように、「慰安婦」問題を優先させることによりいわば「後回しにされた」その他の戦後補償関係の問題に比べれば、「慰安婦」問題は数ある戦後補償問題のなかで特権的な扱いを受けたとさえ言うことができる。後回しにされたその他の戦後補償関係の問題は、運動体の力量、メディアの注目度、そして当時の政治状況からすれば、ほとんど切り捨てられたに等しかったからである。

そうした扱いを政府と社会に強いたのは、「慰安婦」問題にかかわってきた支援団体を中心とするＮＧＯであり、それを支えたメディアの力だった。逆に言えば、メディアは、戦後責任にかかわる数ある問題のうち、「慰安婦」問題のみを突出してとりあげ、ほかの問題にはほとんど関心を払わなかった。「慰安婦」問題が大きく社会問題化したきっかけとなった一九九一年一二月の東京地裁への訴訟提起にしても、原告は元「慰安婦」だけではなかった。しかし主要メディアは元「慰安婦」のケースのみを競ってとりあげ、ほかの原告はほとんど無視したのである。

女性国際戦犯法廷

支援団体やＮＧＯは、二〇〇〇年に女性国際戦犯法廷を開催した。これは、「日本が犯した性奴隷制やその他の性暴力について」さまざまなＮＧＯが「裁く」民衆法廷であった（松井やより他編『女性国際戦犯法廷の全記録Ｉ』緑風出版、二〇〇二年、九ページ）。国家の、あるいは国連などの国際組織による法廷ではないが、全世界のＮＧＯが参集した、一定の公的色彩を帯びた法廷だった。

法的な観点からみれば、女性国際戦犯法廷は、法廷の構成をはじめ、裁判として満たさなければならない公平性の要件の欠如やその他多くの面で深刻な問題を抱えていた。また、法廷は当然のことながら国家の支持を欠き、判決を執行できない法廷だった。しかし、同法廷による審理と判決は、出席した多くの被害者に巨大なカタルシスを与え、さらにそれをニュースで知り、また出席者から聞いたほかの被害者にも大きな高揚感と満足感を与えた。

昭和天皇を含む「慰安婦制度の責任者」に有罪判決を下した女性国際戦犯法廷は、それが執行されない判決であったにせよ、その場にいた被害者にとって、ほぼ同一の価値観、感情の持ち主に囲まれた会場で、長年の恨みと主張を「公に」認めてもらうという、かけがえのない体験を与えてくれるものだっただろう。「判決」を聞いて、つくづく生きていてよかった、と思った元「慰安婦」もいたに違いない。女性国際戦犯法廷は、こうした面を含む総体的な観点からその評価がなされるべきだろう。

元「慰安婦」の生活を支援し、介護し、物心両面で助けてきた支援者、NGOの献身とともに、被害者の日本に対する裁判で被害者のために働いた日本の弁護士たちの献身もまた、大きなものだった。こうした姿勢は、韓国その他の諸国で被害者やそのまわりにいる人々に、「日本にも、自分たちのために日本という自分自身の国と戦ってくれる素晴らしい人たちがいる」という思いを抱かせ、彼女らの日本への強い恨み、憎しみ、怨念をやわらげた。

日本政府の官僚のなかにはこうした弁護士やNGOを忌み嫌う人がすくなくない。往々にして独善的な批判、非難の矢面に立たされる側として、そうした嫌悪感をもつことも理解できる。しかし、こうした弁護士やNGOの献身的な行動が被害者とその周りの人たちの日本人への信頼と尊敬を高める一面があることを、政府関係者は決して見落とすべきではない。実際、日本の支援者や弁護士たちの献身は、それに接した草の根レベルの韓国市民の日本（人）イメージの向上に確実に貢献したのである。

人はパンのみに生きるものではない。支援団体やNGOが元「慰安婦」たちに与え続けた「パン以外のもの」は、もっとも華々しい成果だった女性国際戦犯法廷以外にも、また裁判の遂行や目に見える支援以外にも多数あったに違いない。その事実を忘れてはならない。

アジア女性基金とNGOの補完性

多くのNGOは、一九九五年のアジア女性基金発足以来、基金を批判してきた。その批判には、法と道義の関係に関する謬見にもとづくもの、日本政府（およびそれとともに働く者）への過剰な猜疑心が生んだもの、韓国の知識人にまま見られる「日本人＝不道徳な民族」観にもとづくものなど、不当な批判もすくなくなかった。そうした批判の問題性を指摘しておくことは、将来「慰安婦」問題が日本と国際社会の歴史に正当に位置付けられ、評価されるうえで必要なことであり、たいせつなことである。

また、二一世紀に重要な公共的役割を演じることが期待されるNGOは、とくにその独善性と狭量さに代表されるみずからの欠点を克服して、さらなる成長を遂げなければならない。同様に、今日まごうことなき公共的権力であるメディアについては、その弱者保護機能、煽動的機能、社会権力としての抑圧的機能など、種々の正負の機能をあきらかにし、その公共主体性を高めていかなければならない。こうした考えから、本書は多くのページを費やしてNGOやメディアの言動の問題性をとりあげ、それを批判的に検討してきた。

他方において、右に述べたように、多くの支援団体とNGOが元「慰安婦」のために無数の献身を行ってきたこと、メディアが「慰安婦」問題を社会化させて償いのきっかけをつくりだしたことは何人《なんぴと》も否定できない。元「慰安婦」を支えた多くの支援団体とNGOの献身が、基金で限られた時間、限られた力を「慰安婦」問題に費やしてきたにすぎないわたし自身を含む基金関係者よりはるかに大きなものであったことを、わたしは疑わない。他方で、アジア女性基金も、これらのNGOとは違った方法で被害者への償いを模索してきたが、「被害者のために」という一点で、これらのNGOの多くとなんら変わることのない立場に立っていたのである。

実際、表面上は対立し、敵対的な関係にさえあった基金と支援団体、NGOは、それぞれが必死に被害者のために働くことによって、客観的には相互に補完的なかたちで、一人でも多くの被害者に、わずかではあれ、救いと、癒しと、満足感と、生活の安定を提供したともいえる。このことの意義は明確にしておかなければならない。日本政府にせよ、韓国や台湾の政府にせよ、支援団体やＮＧＯの運動、メディアの報道、そしてアジア女性基金の主張と行動がなければ、元「慰安婦」に日本の総理のお詫びの手紙と事実上の国家補償を届け、韓国と台湾の政府が実質的な額の生活支援金を支給することは決してなかったろう。

遺族会の会長を務め、お詫びの手紙に消極的と伝えられた橋本首相の時代につくられた首相のお詫びの手紙は、被害者にそれなりの満足感を与える実質的なものだった。そうした手紙が現実につくられたことの背後には、呼びかけ人の三木睦子氏の辞任という「三木ショック」の圧力や、アジア女性基金と政府内の理解者の強い主張といった要因もあっただろう。しかしその根底には、「慰安婦」問題を世界的にも注目を引く巨大な問題として日本政府に突き付け、「慰安婦」問題にほおかぶりをして済ますことはできないと政府に観念させたＮＧＯとメディアの大きな力があったのである。

アジア女性基金から償いを受け入れなかった韓国と台湾の被害者は、基金からの償い金とほぼ同額の生活支援金を、それぞれ韓国政府、台湾政府から受け取っている。被害者へのアジア女性基金による償いの提示がなければ、そして「基金に対抗した」ＮＧＯの強い圧力がなければ、韓国と台湾の政府は決してこれほど実質的な支援金を元「慰安婦」に支給することはなかったろう。韓国と台湾の「反基金」のNGOは、アジア女性基金を批判しつつ、実は基金の償いを梃子として自国政府による元「慰安婦」への実質的な額の支援金支給という成果を実現したのである。被害者に償いをもたらそうと努めたアジア女性基金の努力と、基金に「対抗して」台湾、韓国の政府に強く働きかけたNGOの運動とが相俟って、韓国と台湾の元「慰安婦」たちに大きな物質的利益と一定の満足感をもたらしたのである。

失敗を糧として

「慰安婦」問題の解決に、アジア女性基金は、日本政府は、支援団体やNGOは、メディアは、「失敗」したのだろうか。それぞれに失敗の要素はあった。それをあいまいにしてはならない。被害者に対して、歴史に対して、わたしたちは真摯な自己評価をふまえて対峙すべきなのだから。そして失敗は将来の成功の糧になるはずであり、糧にすることが失敗した者の責務なのだから。その気持ちでわたしは本書を書き上げた。

ただ、わたしのそうした気持ちが強すぎて、アジア女性基金を批判した支援団体やNGO、メディア、韓国の知識人などへの批判があるいは強すぎたかもしれない。さらに、わたし自身が「正義」を追求する発想が強いだけに、被害者に寄り添うことの重要性を指摘しておきながら、自分と異なる意見の人たちと「正義と論理で争う」という欠点——これは長所の裏返しであるはずだが――が本書にあらわれているかもしれない。

もし、そうした色合いが本書に感じられるとしたら、この点はわたしの至らなさとして読者にお詫びしなければならない。「失敗」だけをあげつらうべきではない。おそらくそうした否定的な発想の過剰こそ、「慰安婦」問題の解決を「もうすこしマシなもの」にすることを妨げた要因のひとつである。その克服こそ、わたしが将来の世代に期待したいものなのである。

一九九〇年代には「慰安婦」問題についてほぼ反日一色で塗りつぶされた韓国にも、わずかではあるが、問題を反日ナショナリズムから離れて冷静に捉えようとする人もいた。六五ページでふれた国会議員の李洛淵氏、基金関係者がつくった『「慰安婦」問題とアジア女性基金』を翻訳し、学生たちに日本国民の償いの気持ちを伝え続けた関東大学の李元雄《イ・ウォンウォン》助教授などである。このほかにも、わたしが知らない、しかし同じような努力をしてくれた人々がいたに違いない。

二一世紀になっても、韓国では二〇〇四年に「慰安婦」問題について韓国側にも自省が必要だと主張した李榮薫《イ・ヨンフン》教授が挺対協ほかのNGOやメディアの激しい批判を受けて「ナヌムの家」を訪れて被害者たちに謝罪するという事件（「ソウル大学教授妄言事件」）が起こった。また、わたしも出席した日韓国交正常化四〇周年の記念シンポジウムでの「歴史認識」に関する韓国側の報告はその多くが一面的で偏ったものだった。こうした憂鬱《ゆううつ》な面はまだまだ残っている。しかし他方で、希望を抱かせてくれる新たな動きも芽生えている。

その代表は、朴裕河教授の『反日ナショナリズムを超えて』(安宇植訳、河出書房新社、二〇〇五年)と、本書でもくりかえし引いた『和解のために』である。とくに後者は、「慰安婦」問題に一章を割いて、韓国側の過剰な対日不信、挺対協や韓国メディアによる被害者への抑圧などの問題を自省的にとりあげ、日本との和解のために、ともすれば自己を「被害者」とのみ考えがちな韓国民の反省が必要なことを的確に指摘している。同様の動きは他の若手研究者にもみられる(金貞蘭《キム・ジョンナム》〈李順愛訳〉「日本軍『慰安婦』運動にあらわれた民族主義的傾向」『インパクション』一五六号、二〇〇七年、一五二〜一六五ページ、など)。

朴氏の『和解のために』は、本書でわたしが指摘してきた韓国側のさまざまな問題点をひとつひとつ丁寧にとりあげ、一方では日本政府やアジア女性基金の問題点を的確に指摘し批判しつつ、他方で基金の償いに参加・協力した日本国民の姿勢と行動を高く評価して、それをふまえた韓国側の建設的な姿勢を韓国国民に呼びかけるものである。

「慰安婦」問題にかかわった一二年間を通じて韓国の知識人とメディアにほとんど絶望しかかっていたわたしにとって、こうした動きはなんとか日韓の将来への希望をつなぎとめてくれるものだった。日本側にも、こうした韓国側の自省に甘えない自己省察と、他方で韓国人と正面から批判し合う、真に対等なつき合いが求められることは言うまでもない。

「正義の追求」の意義と限界

最後に、一九九〇年代から「慰安婦」問題にかかわって、もっとも痛切に感じ、かつもっとも難しいと感じている問題に一言、ふれておきたい。

過去に重大な不正がなされ、被害者がその償いを求めるとき、それに心動かされ、被害者のかたわらで被害者の願いを実現しようと努める者がなすべきことはなにか。この問いに答えるのは絶望的なまでに困難である。「慰安婦」問題を含めて、サハリン棄民ほか、日本の戦後責任にかかわるさまざまな問題に四〇年近くかかわってきたわたしも、自信をもってこうだ、と言えるものはない。

不正を放置してはならない、という正義感が求められるのはたしかである。

日本は、画一性に流されやすい同調主義的文化が支配する社会である。そうした社会においては、政府が、企業が、学校が、病院が、その他さまざまな団体を含む社会全体が放置してきた不正をとりあげ、告発し、糾弾し、問題の解決を訴える人は貴重である。これまでの市民運動、NGO、それを助けるメディアの担い手には、このようなかたちで社会の不正をただし、正義を求めて献身するタイプの人が多かった。

そういった人はしばしば「世間」からみれば「変わり者」「偏屈」であり、荒野で叫ぶ少数者であり、排除されやすい。だが、彼（女）らの存在は決して否定されるべきではない。そういう人々がいなければ問題が問題として明るみに出ることはなく、政府がまともに問題をとりあげることもない。「最大多数の最大幸福」の原理に含まれる少数者への抑圧に細心の注意を払って、少数者の不幸を見逃さない、少数者への最少抑圧の社会を創り出すことは、これからも日本にとって重要な課題であり続けるだろう（大沼保昭『新版　単一民族社会の神話を超えて』東信堂、一九九三年、二一〜六ページ）。

しかし、正義感だけでは足りない。正義を実現するにも、それに必要な資源、その手段、実現の可能性といった実際的な側面への厳醒《げんせい》な省察が必要である。そうした厳しさを欠き、政治的な希望的観測に立って行われる社会運動は目標を実現できず、被害者の期待を裏切り、最悪の場合被害者が絶望のまま亡くなっていくのを座視することになりかねない。このことは本書でくりかえし述べてきた通りである。

それだけではない。正義の完全な実現を求めることは、人間社会における不可能を追求することである。それは、あらゆるものを正邪の二元論で見ることによって、人の現実の生のさまざまな複雑な襞《ひだ》を無視するという誤りに陥りやすい。そうした「正義」は実は独善にほかならず、他者と共有できる真の正義とは無縁のものである。

寄り添い、共感し合える社会を

被害者のかたわらには、こうした「正義」を追求するのと異なるタイプの人が求められるのではないか。正義は大切な価値だが、正義以外の価値や美徳にももっともっと目を配る必要があるのではないか。

限られた人的資源、限られた時間、現実の複雑な社会関係のなかで、現に得られるもの、得られたものの積極的側面と小さな意義を評価し、その意義を被害者に説き、彼（女）らのそれまでの人生体験からありがちな過剰な被害者意識、猜疑心、ひがみといった感情を解きほぐすことができる人。被害者も含めて人間が本来もっている、ものごとをプラスに捉える性向を引き出し、自分が得ることができた幸せの意味をじっくりかみしめる機会と時間を与え、そうしたかたちで被害者に寄り添う人。「正義」を語るのでなく、人生の複雑さと襞を理解して被害者の愚痴にしんぼう強くつき合い、被害が怨念からすこしでも解放されるための踏み台となり、そうしたかたちで被害者の癒しとなる人。

こうしたかたちで被害者にとっての癒しとささやかな幸福感を与える人もまた、「慰安婦」問題のような社会問題に向かい合い、不完全なかたちでもそれを解決していくためには、どうしても必要なのである。こういう資質をもった人、こういう発想と行動ができる人が、公共性の担い手としてのNGOにも、また問題を社会の人々に投げかけるメディアの担い手にも、もっともっといて欲しい。もちろん政府にもいて欲しい。

わたし自身、「慰安婦」問題についても、数ある支援者のなかには、こうした人は必ずいたはずである。「慰安婦」問題についても、「慰安婦」問題について書かれたものから、また一二年間基金の一員としてかかわる過程で、そういう方々の存在を知ってはいた(台湾での償いの実施には、このタイプの被害者を支える方が一貫して協力してくれた。この方——匿名を希望する方ゆえ、名前は明かさない——の献身は、台湾の被害者に癒しと救いをもたらすうえで決定的な意味をもった)。「ナヌムの家」はもっとも知られたものだが、そのほかにもそうした活動は無数にあっただろう。

しかし、一九九〇年代初めに問題が社会化してから約一五年のあいだ、そうしたタイプの声はほとんど表に出ることがなかった。ナヌムの家や被害者の暮らしも、主に日本への批判、日本政府やアジア女性基金への批判という文脈で言及され、右に述べたような被害者の心の襞が伝わってくるようなかたちでそれが紹介され、言及されることはすくなかった。そもそもそうした事実を伝えるテレビなどのメディアの伝え方、報道の姿勢に、わたしが本書で批判したような固定的な発想の枠組み、元「慰安婦」を聖化するステレオタイプができあがってしまっていたようにみえる。

一人ひとりの人間としての元「慰安婦」の人たちことを考える限り、年老いた彼女らに寄り添い、癒し、共感し合うといった柔らかな面は、これまで「慰安婦」問題について書かれたものやメディアに描かれた「慰安婦」問題の支配的な側面――「尊厳の回復」という硬いことばで語られる正義の実現――と並んで、あるいはそれよりももっと、たいせつなことではなかろうか。わたしたちは、二一世紀の日本に、そうした多面的で柔らかなかたちの支援なり寄り添いなり協働なりの意義を素直に認め合い、尊重し合う社会をつくっていかなければならないのではなかろうか。

そういう率直さ、正直さを抑圧するものは、政府であれ、学者であれ、ＮＧＯであれ、メディアであれ、女であれ男であれ、考え直してもらわなければならない。

一九九〇年代から「慰安婦」問題にかかわってきて、他のいかなる問題にもまして深く感じることである。

あとがき

「慰安婦」問題については、現場の目撃証人として、また日本の戦後責任を考え続けてきた者として、しっかりしたものを書き残さなければ……。

この思いをこの一二年間、ずっと抱えてきたように思う。それは、この問題をめぐって被害者の代弁者的な立場から発言してきた学者、NGOと、それと真っ向から対立する「慰安婦＝公娼」論的な主張が、両者ともあまりに偏っていると考えていたためである。同時に、メディアの報道もその多くが一面的かつ不正確であり、人々に誤った印象を植え付け、被害者たちを苦しめ、彼女らの率直な声を圧殺してきた、と感じてきたからである。さらに、世上流布した「法的責任」論議があまりにも粗雑なものだと考えてきたためでもある。

わたしは、国際法学者として研究・教育に従事すると同時に、市民運動にも携わってきた。扱った問題は、教科書問題、韓国民主化運動に従事して死刑判決を受けた韓国人政治犯の助命、在日韓国・朝鮮人の法的地位の改善、サハリン残留朝鮮人の韓国への永住帰還などであった。

そうした活動を行ううえで、メディアはとても頼りになる存在だった。右の市民運動にかかわったわたしと仲間たち——田中宏・内海愛子教授、高木健一・故金敬得弁護士など——には、一九八六年にサハリン残留朝鮮人の帰還運動で原文兵衛、五十嵐広三という優れた政治家に出会うまで、有力な国会議員とのコネもなく、高級官僚に働きかけるすべもたなかった。そうしたわたしたちにとって、右の諸問題が未決のまま放置されていることを世論に訴え、政府に圧力をかけ、政府内の理解を高めて立法的・行政的な解決をはかるうえで、メディアは大きな助けとなるものだった。わたしは、一九八〇年代から『朝日新聞』『読売新聞』『毎日新聞』といった全国紙や、『中央公論』などの総合誌にかなりの数の論考を発表する機会を与えていただいたが、その多くはこうした問題を扱ったものだった。

メディアの力は大きかった。わたしは一九八四年に、『ひとさし指の自由』のために」という論考を『中央公論』に発表したが、この「ひとさし指の自由」という語は社会に広く流布し、外国人登録法の指紋押捺義務を撤廃するうえで一定の役割をはたした。サハリン残留朝鮮人問題を解決するうえで決定的な意味をもったのは原・五十嵐議員を中心とするサハリン残留韓国・朝鮮人議員懇談会のはたらきだったが、この組織化にあたってもわたしが主要紙に公にしていた論考が多少は役に立った。全国紙や総合誌で「アジアに対する戦後責任」という考えを説き続けてきたことも、第二次大戦をもっぱら被害者の立場から見てきた日本国民のあいだにアジアの諸民族に対する日本人の加害者性という認識を広めるうえですこしは役立ったと思う。

このように、メディアはわたしが四〇年にわたってNGO活動に従事し、日本の戦後責任にかかわる問題を解決するうえでなくてはならぬものであり、この上なく頼りにし、助けてもらったものだった。こうした過程で、わたしは市民運動に従事する尊敬すべき方々、優れたジャーナリストと出会い、日本が抱える多様な問題の解決に向けてはたらいてきた。同時に、問題を解決するうえで政府内や国会でそうした問題解決の意義を理解し、わたしたちの考えを支持してはたらいてくれる官僚や政治家の存在が必須であることも学んできた。こうした経験に立って、わたしはNGOとメディアが政府とともに重要な社会問題、政治問題を解決する公共的役割をはたす存在であることを確信し、その強化・定着が二一世紀の日本と世界をすこしでもましなものにしていく鍵である、と考えるようになった。

＊

一九九五年、村山富市内閣が「慰安婦」問題解決の一環としてアジア女性基金を設立したとき、わたしはそれに深くかかわり、基金の呼びかけ人、理事として、「慰安婦」問題の解決のために時間と精力を費やしてきた。基金が日本国民からの償い金、総理のお詫び手紙、医療福祉支援費を個々の被害者に届けるというかたちで被害者への償いを実施しているあいだは、一人でも多くの被害者に日本国民のお詫びと償いの気持ちを伝え、被害者のいくばくかの支えとなることが、わたしにとってもっとも重要な課題であった。

この間、日本でも韓国でも、また他のアジア諸国や欧米でも、「慰安婦」問題について事実を歪曲した報道や主張、わたしから見て疑問と思われる議論が横行した。元「慰安婦」の意思や希望についてきわめて一面的な主張がなされ、それがそのまま「被害者の意思」として報道された。アジア女性基金はしばしばそうした誤った主張、偏った報道にもとづいて非難され、それが被害者への償いをさらに困難なものにした。そうした誤った、あるいは偏った主張や報道は、元「慰安婦」を「公娼」呼ばわりする右派の「論客」だけでなく、これまでわたしが頼りにしてきたメディアとNGOによっても大々的になされた。

わたしは市民運動にかかわる過程でNGOの公共的意義を確信していたが、同時にその狭量と独善という問題性も強く感じていた。すでに一九七〇年代から、NGOが成長し、重要な公共的役割を担っていくには、その狭量さと独善性という欠点を是正しなければならないと考えていた。メディアについても、正確な報道と問題提起的な主張の意義は十分認めつつも、煽動的で偏った報道が弱い個人を押しつぶしてしまう怖さも感じていた。「慰安婦」問題にかかわる多くのNGOの主張にはこの狭量と独善という問題性が、また多くのメディアの報道にはその煽動性と当事者への抑圧性という問題が、典型的にあらわれていた。

アジア女性基金への非難が吹き荒れた一二年のあいだにも、公平で多面的な報道の主体でありたいと願う幾人かのメディアの担い手の力で、基金の一員であるわたしにも見解を公にする機会は与えられた。『朝日新聞』『毎日新聞』『読売新聞』をはじめ、そうした機会を提供して下さった方々に、この機会に深く感謝申し上げたい。ただ、わたしが見解を公にする場合でも、基金から償いを受け取る被害者の意思を尊重し、彼女らの利益を守るために、立ち入った議論を控えなければならないこともすくなくなかった。本文で述べたように、基金から償いを受け取ろうとした多くの被害者、とくに韓国の被害者は韓国のメディアと社会全体の強い抑圧の下におかれており、そうした状況を悪化させることは、日本国民と政府の償いという実践活動を行う基金の一員として絶対にやってはならないことだったからである。また、基金で被害者への償いに携わっているあいだは、この問題について本を執筆する心理的な余裕もなかった。

アジア女性基金の償い事業が終了し、二〇〇七年三月に基金が解散して、状況は変わった。元「慰安婦」のプライバシーにかかわる問題を除けば、これまでメディアで報道されてこなかったことをあきらかにし、これまで有力に主張されてきた見解の誤りを指摘し、「慰安婦」問題に当事者としてかかわり、同時に現代史の観察者として目の前で観てきた「慰安婦」問題の像をわたしなりに示すことができる、そういう時期がきた、とわたしは考えた。

その結果が本書である。

本書は、このようにアジア女性基金の一員として元「慰安婦」への償いに携わった過程で体験し、考えたこと、またひとりの国際法学者、現代史の観察者、日本の戦後責任を考えてきた者として見聞きし、考えてきたことにもとづく現代史の覚え書きである。本書を通して読者に「慰安婦」問題の複雑な諸相を提示するとともに、将来こうした深刻な問題が生じた場合、すこしでもましな対応をとることができるように、一人ひとりがじっくりと考えていただきたい。それが本書を執筆したわたしの願いである。

なお、新書という性格上、資料や文献の引用、出典の表示などは、厳密な学問的作法には従っていない。また、「慰安婦」については、「従軍慰安婦」「性的奴隷」「軍慰安婦」など、さまざまな呼び方があり、そうした呼び方自体が論争の種になってきたが、本書では「慰安婦」で通した。「公娼」「売春婦」といったことばについてもさまざまな議論があるが、これも一般に用いられることばを括弧付きでそのまま用いた。その他、論争的なテーマを扱う本書がさまざまな視点から批判の対象とされるだろうことは過去一二年の経験からも十分承知しているが、本書への批判もまた、将来の日本、世界にとって建設的な意味をもつものであって欲しいと願っている。

*

本書執筆の最終段階で、米国での「慰安婦」問題に関する議会への決議案上程問題をめぐる安倍晋三首相の発言が問題化した。「慰安婦」について広義の強制はあったが狭義の強制はなかったという趣旨の発言が、米国その他で安倍首相、ひいては日本全体の元「慰安婦」への冷淡さ、人権感覚の欠如とみなされ、批判・非難の嵐が巻き起こったのである。訪米を控えた安倍首相は反発の激しさにたじろぎ、一九九三年の河野官房長官の談話を引いて元「慰安婦」への謝罪の意思を示し、なんとか訪米を乗り切った。

マイケル・ホンダ議員を中心とする決議案が、「慰安婦」の募集・連行について不正確な事実認識にもとづくものであるのは確かである。そうした不正確な認識への批判は、日本政府としてやってよいこと、またなすべきことだろう。ただ、本書で詳しく述べたように、「慰安婦」問題について村山内閣が被害者への具体的な償いを決め、アジア女性基金を通してそれを実施してきたこの一二年間、その後の歴代内閣はひたすら「首をすくめて嵐が通り過ぎるのを待つ」という態度をとってきた。個々の元「慰安婦」へのお見舞いと謝罪といった目に見える行動でさらに一歩踏み込んだ謝罪の意を表明することも、逆にあきらかに誤った批判に反論することも、避けてきた。

そうした不作為の積み重ねの結果、「慰安婦」問題に関する日本政府の無為無策、逃げの姿勢というイメージは国際社会に完全に定着してしまったのである。そうした後で、日本政府がわずかな国会答弁や記者会見で、一九九〇年代から染みついた「慰安婦」問題に関するマイナスのイメージを修正しようとしても、それはどだい無理な話である。慢性の習慣病はそれをもたらした長年の悪しき習慣があり、そうした習慣病を治すにはその病気をもたらしたのと同じくらいの年月が必要という。国家のマイナスイメージも同じことだろう。「慰安婦」問題があかるみに出た一九九一年以来、一五年以上に及ぶ不作為――それには、総理のお詫びの手紙が国際的にも評価されるべきものであり、実際多くの被害者に高く評価されたという事実や、被害者に届けられた償い金と医療福祉費の合計額は現地の物価水準からみて実質的なものであり、被害者の老後を支えるうえで重要な意味をもったという事実の広報を怠ったという重大な不作為が含まれる――の結果確立したマイナスのイメージは、同じくらいの年月と努力を重ねなければ払拭できない。このことを、日本政府も国民も十分理解しておかなければならない。

大きな批判を招いた二〇〇七年三月の安倍首相の発言の後で、政府部内では「負け戦は戦わない」という「大人の知恵」論が主張され、安倍首相はそれに従ってなんとか事態を収拾したかのように見える。だが、そうした弥縫策《びほうさく》の積み重ねでは、将来また問題が再発したとき、また同じような対応をしなければならない。それでは、『慰安婦』問題の解決を怠った日本」というマイナスイメージは永久に改善されることはないだろう。

二一世紀には、欧米先進国のかつての帝国主義・植民地主義政策の犠牲となってきたアジア諸国が欧米先進国に匹敵する力をもつようになり、それを背景にこれまで以上に先進諸国に対するこれらの国々の「怨念」が国際政治の重要な主題となるのではなかろうか。そうした時代に、日本政府と国民は、本書で示したふたつの方策、つまり一方では被害者へのさらなる真摯な償いをことばと行動で示すと同時に、他方では中韓であれ米国であれ、誤った主張に対しては丁寧にその誤りを指摘して共通の理解に導いていくという、困難ではあるが、将来の世代から評価される歴史の正道を歩んで行って欲しい。アジア女性基金で一二年間被害者への償いに携わった一員として、苦い思いで二〇〇七年初頭の一連の動きを眺めながら、そう願っている。

*

本書の執筆にあたっては、実に多くの方から助けていただいた。資料を集め、年表の原案を作ってくれた脇田俊輔君ほか東京大学大学院法学政治学研究科の学生諸君と、中公新書編集部の白戸直人さんに感謝する。また、草稿段階で丁寧に原稿を読み、資料を提供してくれた数多くの方々、和田春樹、高崎宗司、岡檀という、アジア女性基金で一二年間苦楽をともにした「戦友」と、編集者以上の厳密な読みで誤りを指摘して下さった李順愛、田中宏のお二人には、とくに感謝を申し上げたい。最後に、一九九九年九月に基金の償いの道半ばで亡くなられた原文兵衛初代理事長の霊前には、本書をもって基金の終了と償いの成果をお伝えしたいと考えている。

本書を、亡くなられた元「慰安婦」の方々の霊に捧げる。

二〇〇七年五月

大沼保昭

「慰安婦」問題 関連年表

1932 第1次上海事変以降、「海軍慰安所」が上海につくられる
37 日中戦争開始以後、「慰安所」の数が飛躍的に増加
38 6月、岡部直三郎上海派遣軍高級参謀が「慰安所」設置に関する通牒を出す
41 12月、太平洋戦争開始。東南アジアに占領地が拡大するとともに、東南アジアに「慰安所」がつくられる
1945 8月、15年戦争（アジア・太平洋戦争、昭和戦争）終結
51 9月、サンフランシスコ平和条約（14条で賠償に関する請求権につき規定）
52 4月、日華平和条約（3条で賠償に関する請求権につき規定）
65 6月、日韓請求権協定（2条で請求権につき規定）
72 9月、日中共同声明（5項で賠償に関する請求権につき規定）
89 11月、ベルリンの壁崩壊。東西冷戦終結

	「慰安婦」問題	政治・国際関係
1990	1月 尹貞玉氏、「挺身隊取材記」を『ハンギョレ新聞』に連載 6月 参院予算委員会で労働省職業安定局長、「民間業者が軍とともに連れ歩いているような状況。調査はできかねる」と答弁 10月 韓国の37女性団体が日本政府の答弁に抗議する公開書簡を提出 11月 韓国挺身隊問題対策協議会（挺対協）結成	2月 第39回衆院選挙。第2次海部俊樹内閣発足 10月 東西ドイツ統一

1991
8月　金学順さんが世界で初めて元「慰安婦」と名乗り出て日本を告発
12月　元「慰安婦」3人が韓国人元軍人・軍属とともに、日本政府の謝罪と補償を求めて東京地裁に提訴。政府が朝鮮半島出身のいわゆる従軍慰安婦問題について調査を開始

1992
1月　『朝日新聞』、軍の関与を示す史料が防衛庁防衛研究所図書館で発見されたと第一面で報道
7月　宮沢内閣（加藤紘一官房長官）、「朝鮮半島出身のいわゆる従軍慰安婦問題について」（第1次調査結果）を発表

1993
4月　フィリピンで初めて元「慰安婦」と名乗り出たマリア・ロサ・ヘンソンさんらフィリピン人元「慰安婦」が東京地裁に提訴
8月　宮沢内閣（河野洋平官房長官）、「いわゆる従軍慰安婦問題について」（第2次調査結果）を発表
河野官房長官「慰安婦関係調査結果発表に関する内閣官房長官談話」発表

1994
8月　村山首相、問題解決のため国民参加の道を探る考えを表明

1991
1月　湾岸戦争勃発（〜2月）
11月　宮沢喜一内閣発足

1992
5月　日本新党発足

1993
2月　韓国で盧泰愚にかわり金泳三が大統領に就任
6月　衆院本会議、宮沢内閣不信任案を可決。宮沢首相、衆院を解散
7月　第40回衆院選挙
8月　細川護熙内閣発足

1994
4月　細川首相、退陣を表明

9月 与党3党（自民、社会、さきがけ）・戦後50年問題プロジェクト発足
10月 同プロジェクト・従軍慰安婦問題等小委員会で検討に入る
12月 同小委が第1次報告
12月 与党3党が、国民参加のもとにいわゆる従軍慰安婦問題への取り組みとともに、女性の名誉と尊厳の解決に向けた活動等への支援を提言

1995
6月 衆議院本会議で「歴史を教訓に平和への決意を新たにする決議」採択
6月 五十嵐広三内閣官房長官が、「女性のためのアジア平和友好基金」（仮称）の事業内容、基金の呼びかけ人を発表
7月 「女性のためのアジア平和国民基金」（アジア女性基金）発足（理事長は原文兵衛・前参院議長）
8月 呼びかけ人の「呼びかけ文」、村山富市首相の「ごあいさつ」発表
8月 アジア女性基金が行う事業について政府は必要な協力を行うとの閣議了解
8月 アジア女性基金、新聞などで呼びかけを行い、募金活動を開始
11月 アジア女性基金、中央紙・ブロック紙・地方紙に「募金協力呼びかけ」を掲載
12月 募金総額1億円を超える
12月 「女性のためのアジア平和国民基金」を財団法人として設立許可（総理府・外務省共管）。アジア女性基金への寄付が指定寄付金等に指定され官報に公示

羽田孜内閣発足
6月 羽田内閣総辞職
6月 自社さきがけ連立による村山富市内閣発足

1995
1月 阪神・淡路大震災
3月 地下鉄サリン事件
8月 「終戦50周年」村山首相談話（「村山談話」）

1996
1月　国連人権委員会にクマラスワミ氏が報告書
7月　国民の募金から元「慰安婦」1人当たり200万円の「償い金」、「総理の手紙」、医療福祉支援事業について7億円規模の実施を決定
　　募金総額4億円を超える
8月　アジア女性基金がフィリピンで償い事業開始。マリア・ロサ・ヘンソンさんを含む4人の元「慰安婦」に「償い金」、「総理の手紙」を届ける
10月　フィリピンに「アジア女性基金に関する委員会」正式発足
　　「慰安婦」関連資料委員会発足

1997
1月　アジア女性基金が韓国で償い事業開始
　　韓国で金田きみ子（仮名）さんを含む7人の元「慰安婦」の方々に総理のお詫びの手紙、償い金等を届ける
3月　アジア女性基金がインドネシア政府と高齢者社会福祉支援事業について覚書に署名
5月　アジア女性基金が台湾で償い事業開始
8月　マリア・ロサ・ヘンソンさん死去
12月　金学順さん死去

1998
4月　山口地裁下関支部で、元「慰安婦」勝訴（「関釜判決」）
6月　国連の差別防止・少数者保護委員会（人権小委員会）にマクドゥガル氏が報

1996
1月　村山富市首相、退陣を表明
　　橋本龍太郎内閣発足
9月　民主党結成
10月　第41回衆院選挙
12月　ペルー日本大使館人質事件発生（～07年4月）

1997
4月　消費税5％に引上げ
12月　新進党、解党を決定

1998
2月　韓国で金大中が大統領就任

8月　アジア女性基金がオランダで償い事業開始 告書 **2000** 9月　村山富市元首相がアジア女性基金の第2代理事長に就任 11月　募金総額5億円を超える 12月　東京で「女性国際戦犯法廷」開催 **2001** 2月　NHK教育テレビ「ETV2001〜シリーズ戦争をどう裁くか〜」を放映（第2回「問われる戦時性暴力」の番組改変が2005年に問題化） 3月　「関釜判決」、広島高裁で逆転敗訴 7月　アジア女性基金、オランダで79人に償いを実施し、オランダでの償い事業終了 **2002** 9月　アジア女性基金、フィリピン、韓国、台湾で合計285人に償いを実施し、これらの国・地域での償い事業終了	7月　第18回参議院選挙・橋本内閣、退陣 小渕恵三内閣発足 **1999** 10月　自自公連立（小渕第二次改造）内閣発足 **2000** 4月　森喜朗内閣発足 **2001** 3月　森喜朗首相、退陣表明 4月　小泉純一郎内閣発足 9月　米国で同時多発テロ **2002** 9月　小泉首相、北朝鮮訪問

2003
3月 「関釜判決」、最高裁で原告敗訴確定
2004
11月 元「慰安婦」ほか35人の「アジア太平洋戦争韓国人犠牲者補償請求訴訟」で最高裁が原告の上告棄却、原告側の敗訴確定
2005
2月 金田きみ子さん死去
2007
3月 米国下院の「慰安婦」問題決議案採択に対して、安倍晋三首相が「慰安婦」への狭義の強制性はなかったと発言、国際問題化
アジア女性基金が解散

2003
2月 韓国で盧武鉉が大統領に就任
3月 米国、イラク攻撃開始。小泉首相、攻撃支持表明
11月 第43回衆院総選挙
2004
1月 陸上自衛隊先遣隊、イラク到着
2005
9月 第44回衆院選挙
2006
9月 安倍晋三内閣発足

大沼保昭（おおぬま・やすあき）

1946年（昭和21年）山形県生まれ．70年東京大学法学部卒．同助手を経て，73年東京大学法学部助教授．91年東京大学大学院法学政治学研究科教授．2009年より明治大学法学部特任教授．国際法専攻．

著書『戦争責任論序説』（東京大学出版会，1975年）
『ドリアンの国、ロームシャの影』（リブロポート，1985年）
『倭国と極東のあいだ――歴史と文明のなかの「国際化」』（中央公論社，1988年）
『サハリン棄民』（中公新書，1992年）
『新版　単一民族社会の神話を超えて』（東信堂，1993年）
『人権、国家、文明――普遍主義的人権観から文際的人権観へ』（筑摩書房，1998年）
『在日韓国・朝鮮人の国籍と人権』（東信堂，2004年）
『国際法――はじめて学ぶ人のための』（東信堂，2005年）
『東京裁判、戦争責任、戦後責任』（東信堂，2007年）
他多数

「慰安婦《いあんふ》」問題《もんだい》とは何《なん》だったのか
中公新書 *1900*

2007年6月25日初版
2013年6月15日再版

著　者　大沼保昭
発行者　小林敬和

本文印刷　三晃印刷
カバー印刷　大熊整美堂
製　　本　小泉製本

発行所　中央公論新社
〒104-8320
東京都中央区京橋 2-8-7
電話　販売 03-3563-1431
　　　編集 03-3563-3668
URL http://www.chuko.co.jp/

Published by CHUOKORON-SHINSHA, INC.
Printed in Japan　ISBN978-4-12-101900-4 C1221